노후 성공을 좌우하는 퇴직과 은퇴 준비

퇴직자들이 울고 있다

퇴직자들이 울고 있다

이기훈 · 김영복 지음

노후 성공을 좌우하는 퇴직과 은퇴 준비

바이북스
ByBooks

멋진 인생의 후반전,
듬직한 인생의 후반전을 맞이하도록
퇴직을 준비하라

늦기 전에 더 늙기 전에 퇴직을 전직이나 이직의 기회로 받아들여야 한다. 직장인은 직장이 요구하는 기준에 맞춰 스스로 자신이 브랜드가 되어야 한다. 영원한 직장은 사라졌다. 평생 직업인으로 무엇을 어떻게 준비해야 할지 막막한 사람들에게 훌륭한 지침서로 참고할 만한 책이 나왔다.

대퇴사시대에 직장에서 평생직업의 비책을 준비해야 한다. 그러려면 직장인은 직장에서 수행하고 있는 직무를 통해서 마스터로 거듭나야 한다. 그러기 위해서는 직장에서 직무를 배움의 터전으로 삼고 최고의 장인으로 거듭나는 삶을 살아야 한다. 그러면 언제 어디서 어떤 일이 일어나도 당황하지 않고 자기 삶의 주인공으로 거듭날 수가 있다.

인생은 전반전과 후반전으로 나뉜다. 나누는 기준은 지금까지가 전반전이고 지금부터가 후반전이다. 40대는 지금까지 전반전이고 41살부터가 후반전이다. 50대는 51살부터 후반전, 60대는 61살부터 후반전의 인생을 사는 것이다. 전반전은 사회가 원하는 기준, 남들이 좋다고 생각하는 삶, 성공한 사람이 반드시 해야 된다고 주장하는 행복한 가치를 따라 열심히 뒤를 쫓는 삶을 살았다. 그렇게 살다가 나도 모르는 사이, 직장에서 자의반 타의반 퇴직하는 순간, 조직이라는 온실은 싸늘한 현실로 바뀐다. 준비되지 않은 퇴직은 실패한 후반전이 될 수가 있고, 재앙을 부르는 삶이 내 앞에 갑자기 다가올 수 있다.

냉엄한 현실을 뒤늦게 준비해서는 막을 수가 없다. 세상의 거대한 흐름이 한여름의 폭우와 홍수처럼 거대한 물결을 이루며 세상의 주류를 형성하고 있다. 나도 준비하지 않으면 그 물결에 떠밀려 목적지 없이 표류하며 떠내려갈 수밖에 없다. 지금 발을 딛고 서 있는 현실이 과거의 그 어느 때보다 비교할 수 없을 정도로 척박하고 냉엄하다. 계절로 따지면 엄동설한에 한파와 눈보라가 수시로 들이닥치는 예측불허의 불안한 난국이다. 지금까지 살아온 방식과는 근본적으로 다른 관점으로 오늘과 내일을 준비하지 않으면 봄이 오지 않을 난기류의 세상에서 종적도 없이 사라질 수 있다.

이 책은 오랜 세월 많은 직장인과 퇴직자들을 대상으로 강의했던 경험과 퇴직자들의 실제 모습을 경험한 고수의 이야기이다. 지금부터라도 인생의 주인공으로 살아가려는 사람에게는 단비와도 같은 지침서가 될 것이다. 나아가 이 책은 따뜻한 위로와 함께 과감한 도전의욕을 고취시키는 인생 필독서라고 해도 손색이 없다. 영원한 현직으로 강직하게 살아가면서 내 삶의 주인으로 거듭나는 인생의 매직이 궁금하신 분은 이 책을 가까이 두고 수불석권手不釋卷의 참고서로 활용하면 좋겠다. 이 책을 읽는 사람들은 만병통치약은 아니지만 험난한 세상에 멀리 보이는 등대와도 같은 희미한 방향 등은 찾을 수 있을 것으로 믿어 의심치 않는다.

유영만

지식생태학자, 한양대학교 교수
《모두 인공지능 백신 맞았는데 아무도 아프지 않았다》 저자

퇴직자들이 울고 있다

직장인에게 직장은 삶 그 자체이다. 아니 그 이상이라고 해도 과언이 아니다. 직장인은 직장을 축으로 삶을 영위한다. 어찌 보면 인생은 자신이 선택한 직장이라고 할 수 있다. 직장 자체가 인생이다. 직장에 희로애락이 있다. 가족들의 삶과 행복도 직장에 있다. 그런데 직장생활의 행복도 잠시뿐이다. 평생을 기대고 의지해야 할 직장에서 길거리로 내몰리고 있다.

평생직장은 고사하고, 정년까지 가는 사람도 없다. 사십대 중반이면 퇴사를 해야 한다. 20년 이상 스펙을 만들어서 천신만고 끝에 입사했다. 그런데 주된 직장의 평균 근속년수는 14,5년 밖에 되지 않는다. 스펙 투자비를 회수 못하는 근속기간이다. 사십대 중반, 오십대 초반은 인생에서 최고 전성기라고 할 수 있다. 그 전성기에 가족의 생활비가 폭증하는 시작점이다. 그런 전성기에 준비되지 않은 퇴직은 본인뿐만 아니라 가족에게도 행복이 아닌 고통을 가져다준다.

가족의 행복을 위해 생활비를 벌어야 한다. 생활비를 벌기 위해서는 재취업이나 창업을 해야 한다. 재취업을 위해 이력서를 수없이 제출해도 면접의 기회도 잡을 수가 없다. 재취업을 시도할수록 좌절 감만 더해진다. 어쩔 수 없이 창업에 도전을 한다. 그러나 창업은 재 앙을 잉태하고 있다. 창업은 90% 이상이 실패를 하게 된다. 창업실 패는 바로 빚더미에 앉게 된다. 그 빚은 가정불화, 가정파괴로 연결 된다. 그리고 실버파산으로 연결된다. 이런 일련의 과정을 인생 전 성기에 경험하게 된다. 그리고 수많은 퇴직자들이 울게 된다. 저 가 슴 깊은 곳에서 회한의 피눈물을 흘리게 된다.

퇴직은 은퇴가 아니다. 새로운 삶의 시작점이다. 그 새로운 삶의 근간은 당연히 직업이나 일이어야 한다. 본인의 행복과 성취감뿐만 아니라 가족의 행복을 위해서도 일을 해야 한다. 새로운 삶, 새로운 일, 직업을 위해서는 새로운 패러다임의 전환이 요구된다. 오래된 패러다임을 바꾸지 않으면 노후에 빈곤한 삶을 살아가게 된다. 교 육(학교)-일(직장)-은퇴의 경력관리 패러다임을 바꿔야 한다. 교육(학 교)-일(직업)-퇴직-여러 개의 직업-재교육의 새로운 패러다임으로 바 꿔야 한다.

평생 직업이 없는 시대, 평생 직업을 만들려면 자신의 일, 직업에 서 마스터가 되어야 한다. 그러려면 경력이 있어야 한다. 직력(직무 를 맡아온 경력)이 있어야 한다. 다양한 직력과 경력이 내공이다. 살아 온 기적이 살아낼 기적이 되는 것이다. 그래야 진정한 마스터가 될 수 있다.

퇴직자들이 울고 있다

직장인이 퇴직을 하고 가는 곳이 강호, 무림이다. 강호가 두려워 산으로 가는 퇴직자들이 있다.

퇴직 후 등산을 하기 위해서 직장을 다닌 것이 아닌데 말이다. 강호, 무림에서 살아남으려면 고수가 되어야 한다. 그러나 준비되지 않은 퇴직자들은 고수가 아닌 하수들이다. 그런 하수들은 무림에서 고수에게 필패를 할 수밖에 없다.

재취업은 불가능에 가깝고, 창업은 90% 이상이 망하는 것이 그 증거라고 할 수 있다. 그렇게 퇴직자들은 울게 되는 것이다. 강호, 무림에서 웃으려면 고수가 되어야 한다. 강호, 무림에서 통할 수 있는 내공이 있어야 한다. 강호 무림에서 승자가 될 수 있는 내공은 회사라는 학교에서 만들어야 한다. 회사에서 직력과 경력을 만들어야 한다.

그러려면 회사를 열렬히 사랑을 해야 한다. 중요한 것은 회사와 직장인의 관계는 결혼이 아닌 연애하는 사이라는 것을 명심해야 한다. 열정적으로 연애하다가 시들해지면 헤어지는 것이 연애의 장점이다. 역경을 뒤집으면 경력이 된다. 회사에서 다양한 일을 경험하기 위해 노력해야 한다. 그것이 역경이다. 그런 역경이 쌓여야 강호, 무림에서 고수와 일합을 겨룰 수가 있다.

그리고 평생 현역이고 싶다면 내공만 있어서는 안 된다. 불러주는 사람이 있어야 한다. 강호, 무림에는 고수가 많다. 진정한 강자가 되려면 불러주는 사람이 많아야 한다. 불러주는 사람이 많은 사람이 진정한 강자인 것이다. 불러주는 사람을 많이 만들려면 카드를 긁어야 한다. 카드를 긁지 않으면 인생이 긁히게 된다는 것을 알아야 진정한 고수가 될 수 있다.

나는 매일 새로운 재능을 성장시키기 위해 노력하고 있다. 나는 《논어》〈학이편〉을 좋아한다.

學而時習之, 不亦說乎
배우고 때때로 익히니 어찌 기쁘지 않으랴,

有朋自遠方來, 不說樂乎
먼 곳에서 벗이 찾아오니 어찌 즐겁지 않으랴,

人不知而不慍, 不亦君子乎
사람들이 알아주지 않아도 노여워 하지 않으니 어찌 군자가 아니겠는가

_《강의》(신영복)

다양성의 시대에 끊임없는 학습(學而: Chapter 1 직장 · 직업을 디자인하라, Chapter 2 당신의 경력을 디자인하라)을 하지 않으면 생존하기가 어렵다. 그리고 평생 현역은 평생직업을 만들어야 가능하다. 평생 현역은 불러주는 사람이 있어야(有朋: Chapter 3 친구를 디자인하라) 한다. 강호 무림에서 성공하려면 회사에서 성공해야 한다(人不知而: 회사에서 행복한 사람, 회사에서 성공하는 사람). 그래야 살아온 기적이 살아갈

퇴직자들이 울고 있다

기적이 되는 것이다.

사람은 책을 통해서 배우거나, 대화를 통해서 학습을 하거나, 교육을 받았거나, 경험에 의해서 깨달았거나 해서 삶의 지혜를 체득해 간다. 나는 오랜 세월 강의를 했다. 특히 강의하면서 어우러졌던 직장인 그리고 퇴직자들과 나눴던 이야기, 사연, 그들에 의해서 삶의 실제를 깨닫게 된 경우가 많았다. 잘 포장된 평탄한 길을 달려온 사람의 굴곡 없는 행운 같은 이야기보다, 우여곡절이 많은 울퉁불퉁한 길을 슬기롭게 걸어온 직장인들의 모험담, 혼자 체득하고 있기에는 아까운 내용들을 정리해 보았다.

필자에게 강의를 들었던 많은 사람들과 이 시대의 직장인, 퇴직자에게 이 책을 드립니다. 여러분의 브랜드를 위하여! 고맙습니다.

이기훈

차례

chapter 1　　직장 · 직업을 디자인하라

chapter 2 당신의 경력을 디자인하라

chapter 3　　　　　　　　**친구를 디자인하라**

chapter1

직장 · 직업을 디자인하라

백세시대 단상(斷想)

인생은 자전거를 타는 것과 같다.
균형을 잡으려면 움직여야 한다.

알버트 아인슈타인

자전거를 타는 것처럼

페달을 밟아야 굴러가는 자전거처럼 일단 행동해야 시작되는 것
이 인생이다. 머리를 써서 방향을 잡아야 하고, 어느 지점에서 쉬어
야 하고, 어느 지점에서 힘을 더 써야 하는지를 생각하는 것이 인생
이다. 그리고 인생은 순간순간 선택을 하게 된다. 그 선택의 순간에
올바른 선택을 하는 것은 여간 어려운 일이 아니다. 그리고 넘어지
면 다시 일어나는 용기가 필요한 것이 인생이다.

장수가 축복인가, 저주인가? 당신의 100세는 어떠한 모습일까?

퇴직자들이 울고 있다

지금부터 잘 준비한다면, 장수를 저주가 아닌 선물로 만들 수 있다. 그 준비란 인생의 후반전에 대한 계획을 세우는 것뿐만 아니라 인생 전반을 재설계해야 한다. 흔히 재테크가 노후준비라고 생각하는 사람이 많다. 노년에 돈 걱정 안 해도 되니 그것도 가히 틀린 말은 아닐 것이다. 하지만 제대로 된 노후준비는 재테크만으로는 부족하다. 재테크가 재물을 모으는 것이라면, 노老테크는 나이 들어 하고 싶은 일을 준비하는 것이다. 노老테크에서 가장 중요한 것은 하고자 하는 열정이다. 사람은 나이를 먹어서가 아니라 열정이 사라지고, 할 일이 없어지면 그때부터 늙기 시작한다. 마음이 가장 먼저 늙는다.

노후 4대 리스크

독일 민요에 이런 내용이 있다. 나는 살고 있다. 그러나 나의 목숨 길이는 모른다. 얼마나 오래 살았느냐가 중요한 것이 아니라 어떻게 살았느냐가 중요하다. 몇 살인가가 중요한 게 아니라 얼마만큼 나잇값을 하며 올바로 살고 곱게 늙어 가고 있느냐가 중요하다. 추하게 늙고 싶은 사람은 없다. 하지만 현실은 소망과 다르다. 그래서 나이 들어 자기 삶에 만족할 수 없는 사람이 많아진다.

괴테는 노인의 삶을 건강, 일, 친구, 꿈의 상실喪失이라고 한다. 그리고 사람이 살면서 고통스러운 것이 네 가지 있다. 첫 번째는 고생스러운 것이고, 두 번째는 남에게 냉대 받는 것이다. 세 번째는 고민스러운 것이다. 세 가지보다 더 괴로운 것은 노년에 한가로운 것이다.

오래 사는 것이 재앙이기를 바라는 사람은 아무도 없다. 장수를 축복으로 만들려면 노년의 4대 리스크를 잘 관리해야 한다.

첫 번째는 돈 없이 오래 사는 것이요, 두 번째는 아프며 오래 사는 것이다. 그리고 세 번째는 혼자 되어 오래 사는 것이며, 네 번째는 일 없이 오래 사는 것이다.

노후의 4대 리스크를 관리 못하면 오래 산다는 것이 무조건 환호할 일만은 아니라는 것을 알게 된다. 인간다운 삶의 품위를 상실한 채 오랜 세월 목숨만 유지한다면 그것은 축복이 아니라 저주라고 할 수 있다.

첫 번째는 돈 없이 오래 사는 것이다.

인생의 3대 실패자가 있다고 한다. 청년 출세, 중년 상처, 노년 무전이 그것이다. 나이 들어 돈이 없으면 여러 가지로 힘들고 불편하다. 나이 들어 돈 없으면 죽은 목숨이나 마찬가지이다. 그래서 나이 들어 부족한 생활비 벌겠다고 투자하다가 금융사기 당하기 일쑤다. 중요한 것은 젊을 때 돈 버는 공부를 해야 한다. 나이 들어 부족한 생활비를 벌겠다고 섣부르게 들이대면 안 된다. 선무당이 사람을 잡는다. 노후에 금융사기는 금융파산이라는 돌이킬 수 없는 결과를 초래한다.

대부분의 사람들은 평생 일만 하다가 삶에 찌든 피곤한 모습의 늙은이로 죽게 되고 만다. 성공적인 직장생활을 하면서도 노후를 준비하기는 쉽지 않다. 그리고 경제적으로 금전적으로 고생을 하게 된다. 왜 그럴까? 사람들은 돈에 관한 교육을 받은 적도 없고, 돈에 대한 공부를 해본 적도 없다. 지금부터라도 재테크 즉 금융IQ에 대한 공부를 열심히 해야 한다.

미국 역사상 최고의 부자 중 한 사람으로 평가받고 있는 록펠러의 좌우명은 "하루 종일 일만 하는 사람은 돈 벌 시간이 없다"이다. 이 말을 가슴에 새기고 돈 버는 기술에 대한 공부를 부지런히 해야 한다. 예를 들어 주식 공부를 열심히 해서 고수가 되어서, 소액 투자로 월 30만 원을 벌 수 있다면 노후 생활비에 큰 보탬이 될 수 있다. 지금부터라도 죽기 살기로 재테크 공부를 해야 한다.

> "가난은 시(詩) 속에서는 아름답지만, 집 속에서는 미움이다."
>
> _ 유태인의 속담

두 번째는 아프며 오래 사는 것이다.

장수는 축복이어야 한다. 오래 사는 즐거움을 즐기려면 건강해야 한다. 아프면서 오래 사는 것은 고통이다. 버스가 떠나고 손을 흔들어봐야 태워 줄 버스는 없다. 태워 줄 수도 없다. 건강을 잃으면 모든 것을 잃는 것이다. 건강 잃고 건강 타령을 해보아야 소용이 없다.

병원에서 투병하는 사람들의 꿈은 돈도 명예도 아니다. 오직 하나 건강하게 살고 싶다는 것이다.

일병장수一病長壽, 무병단명無病短命이라는 말이 있다. 일병장수란 한 가지의 병이 있으면 오래 살고, 무병단명이란 병이 없으면 일찍 죽는다는 의미이다. 사람이 한 가지의 병을 갖고 있으면, 평소에 늘 그 병을 치료하며 몸 관리 즉 자기관리를 하므로 오래 살게 된다는 의미이다. 그리고 사람이 병이 없으면 건강에 대해 자신 또는 과신하여 평소에 몸 관리를 하지 않게 되므로 나중에 병이 생기면(많이 진전된 상태 또는 합병증 등으로) 대책 없이 빨리 죽는다는 의미이다. 건강은 건강할 때 지켜야 한다.

그리고 나이 들어 인생을 즐겁게 살려거든 건강저축을 해야 한다. 그러려면 병에 대한 공부를 해야 한다. 그리고 근육운동을 해서 근육저축을 해야 한다. 그리고 걷고 또 걸어야 한다. 그래서 건강수명을 늘려야 한다. 버스가 지나고 손들면 태워 줄 사람 아무도 없듯이 세월 다 보내고 늦게 건강 타령을 해보아야 소용이 없다. 천하를 다 잃어버려도 건강만 있으면 그 무엇도 그 누구도 부럽지 않다.

운동은 하루를 짧게 하지만 인생을 길게 해준다.

_조스린

세 번째는 혼자 되어 오래 사는 것이다.

세상에서 누릴 수 있는 복 중에서 가장 으뜸 되는 복은 만남의 복이다. 배우자와의 만남, 그리고 친구와의 만남은 으뜸이 아닐 수 없다. 부부는 평생의 동반자이고, 친구는 인생의 동반자이기 때문이다. 친구는 내가 먼저 좋은 생각을 가져야 좋은 사람을 만난다. 그리고 내가 멋진 사람이어야 멋진 사람과 함께 어울릴 수 있다. 내가 먼저 따뜻한 마음을 품어야 따뜻한 사람을 만나게 된다. 진실하고 강한 우정을 쌓는 사람이 건강하고 아름답고 행복하게 살며 활기찬 인생을 살아간다.

영국 노팅엄대학1,700명 남녀 대상 연구 결과에 의하면 마음을 터놓고 이야기할 수 있는 친구 수가 행복도에 비례한다고 한다. 실제 친구가 많을수록 스트레스는 낮고 인생 만족도는 높았다.

통계는 친구가 많으면 건강하고 오래 살 수 있다고 말하고 있다. 믿고 의지할 친구 10명만 있으면 든든한 패를 쥐고 퇴직 후, 은퇴 후의 인생이 행복할 수가 있다.

어떤 친구는 부모형제 보다 더 친밀해지기도 한다. 문제가 생겼을 때 숨김없이 내 안의 고통도 이야기할 수 있는 친구, 기쁠 때도, 마음이 아플 때도 의지하고 싶은 친구가 있다면 그 어떠한 것보다 소중한 자산이 아닐 수 없다.

네 번째는 일 없이 오래 사는 것이다.

노년에 가장 고통스러운 것은 노년에 한가로운 것, 무료라고 할 수 있다. 사람은 죽는 날까지 할 일이 있어야 한다. 산송장이 안 되려면 일을 해야 한다. 텔레비전 리모컨을 쥐고 소파에 누우면 그 인생은 종친 것이나 마찬가지이다. 오직 늙어 죽기만을 기다리는 인생이 되는 것이다.

그래서 나이 들어 일을 하면 좋다. 왜냐하면 나이 들어 힘든 여러 가지 것들이 해결된다. 첫째, 일이 있어서 좋다. 일을 하면 심심할 겨를이 없다. 둘째, 사람들과 어울려서 좋다. 일을 하면 사람들과 어울리게 된다. 외롭다는 사치를 부릴 시간이 없다. 물론 잡스런 생각을 할 겨를도 없어서 좋다. 셋째, 돈 벌어 좋다. 돈 쓸 시간이 없어서 좋다. 와이프한테 손 안 벌려서 좋다. 와이프한테 돈 갖다 줘서 좋다. 나이 먹어 와이프한테 손 벌리는 것은 죽음보다 더한 고통이다. 나이 들수록 할 일 없이 놀고먹는 것, 한가로운 것은 감내하기 힘든 고통이다. 한가로움의 고통, 무료함의 고통을 한방에 날릴 수 있는 것은 일하는 것밖에 없다.

천지에 널린 것이 일이지만 찾아 나서지 않으면 일이 나를 찾아오는 일은 없다. 일을 찾아 나설 때의 가장 큰 걸림돌이 과거다. 과거를 내려놓기 위해서는 용기가 필요하다. 뒤를 돌아보지 말라. 언젠가 당신의 발목을 잡을 수도 있다. 현직에 있을 때 철저한 경력관리를 통해 퇴직 후의 일을 만들어야 한다. 퇴직 후 30~40년을 놀고

퇴직자들이 울고 있다

먹기에는 너무 시간이 길다.

나는 1년 내내 좋아하는 일만 한다. 일터로 향하는 내 발걸음은
탭댄스를 추듯 가볍다. 나는 일터에 있을 때면 등을 기대고 누
워 천장에 벽화를 그리고 있다고 생각한다. 일은 정말 재미있
다. 돈을 더 번다고 내 삶의 질이 나아지지 않는다. 내 재산의
99%를 사회에 돌려주면 다른 사람들의 삶은 훨씬 나아진다.

_ 워렌 버핏

인생 두 번은 살지 못한다

누가 그럽디다. 인생 나이별로 구분을 해보면 40대 때 인생은 해
외여행을 꿈꾸는 것 같습니다.

50대 때 종착역이 얼마나 남았나 기차표도 챙기고
놓고 내리는 물건 없나 이것저것 살피는 나이
인생은 기차여행 같습니다.

60대 때 어딜 가도 유서 깊은 역사가 먼저 눈에 들어오는 나이
인생은 고적답사 여행 같습니다.

70대 때 나이, 학벌, 재력, 외모 등 아무것도 상관없이
어릴 때의 동무를 만나면 무조건 반가운 나이
인생은 수학여행입니다.

(20, 30, 80, 90대 중략…)

_ 김채상 / 황혼의 신사 중에서

"100세 할아버지의 조언"
어제는 과거일 뿐이고, 내일은 알 수 없고, 오늘은 선물이다.
맘껏 누리세요. 하고 싶은 일이 있다면 얼마든지 도전하세요.
Yesterday is history, Tomorrow is mystery, Today is a gift.
Enjoy it, Do what you want to do, However you can.

_ https://youtube.com/shorts

나이 들어 오갈 데가 없거나 퇴직 후가 준비되지 않으면 고통일
수밖에 없다. 파고다 공원과 낙원상가 사이에 17개의 이발소가 있
다. 17개의 이발소가 모두 성업 중이다. 장로(장기간 노는 사람), 목사
(목적 없이 사는 사람), 지공선사(지하철 공짜로 타는 사람)들이 모이기 때
문에 장사가 잘 된다. 천안, 춘천, 양평 등지에서 지하철을 공짜로 타
고 와서 머리 깎고, 염색하는데 1만 원이면 된다. 2천 원짜리 국밥
한 그릇 드시고, 노상카페에서 150원짜리 커피 한잔 뽑아 파고다 공

퇴직자들이 울고 있다

원에 간다. (송해 선생님이 살아계실 때의 물가)

그리고 장로, 목사, 지공선사들이 자신이 살아온 경험담을 털어놓는다. 장로, 목사, 지공선사들이 갑론을박하면서 시간을 보낼 때는 찌든 삶을 잠시 잊게 된다. 그런데 저녁이 되어서 집으로 갈 때쯤 되면 공허함과 쓸쓸함이 온몸을 감싸는 것도 현실이다. 필자의 귀에는 일하고 싶다는 어르신들의 절규가 들리는 것 같다.

노후에 4대 리스크를 관리한다고 해서 행복한 노후를 담보하는 것은 아니다. 축복받는 장수가 되기 위해서는 6가지를 가지고 저글링을 할 수 있어야 한다. 6가지란 건강, 가족, 재산, 일, 친구, 취미를 말한다. 어찌 보면 삶은 여섯 개의 공으로 하는 저글링이라고 할 수 있다. 동서고금을 막론하고 사람 사는 데 중요하게 여기는 가치는 모두 비슷한가 보다. 장수가 축복이 되기 위해서는 이 여섯 개의 공을 떨어뜨리지 않고 온전히 돌려야 한다. 그러나 저글링을 실제로 해보면 생각만큼 쉽지 않음을 금방 깨닫는다. 그래서 우리 삶이 이렇게 힘들고 고달픈 건 아닌지 모르겠다. 그렇다면 어떻게 하는 것이 행복한 인생의 저글링일까? 특히 노후에는 건강과 일에 관심사의 우선순위를 기울여야 한다.

익숙한 것과의 결별

그대 자신의 영혼을 탐구하라.
다른 누구에게도 의지하지 말고 오직 그대 혼자의 힘으로 하라.
그대의 여정에 다른 이들이 끼어들지 못하게 하라.
이 길은 그대만의 길이요, 그대 혼자 가야 할 길임을 명심하라.
비록 다른 이들과 함께 걸을 수는 있으나 다른 그 어느 누구도
그대가 선택한 길을 대신 가줄 수 없음을 알라.

인디언 속담

낯선 곳에서의 아침

인생은 다른 이들과 함께 가는 길이지만 결국은 혼자 가야 하는 길이기도 하다. 외롭기도 하지만 누구도 끝까지 가줄 수 없는 길이다. 결국 인생은 나에 의해서 움직여진다.

스스로에게 길을 묻고 스스로 길을 찾아야 한다. 꿈을 찾는 것도

퇴직자들이 울고 있다

자신이다. 그 꿈을 향한 길을 걸어가는 것도 자신의 두 다리이다. 살아보니, 살아내니 누군가가 공짜로 도움을 주는 일은 없다. 살아보니 아니 살아내니 알 것 같다. 이제 알 것 같다. 살아내기 전에는 정말 몰랐다.

어떤 배우가 남들은 젊은 나이로 돌아가고 싶다고 하는데 자기는 싫다고 한다. 왜냐하면 지금까지 너무 치열하게 살아서 여기까지 왔는데 자기는 돌아가고 싶지 않다. 필자도 이 말에 적극 공감을 한다. 살아내고 보니 조금은 모자라고 조금은 만족스럽지 않지만 그래도 그게 나의 인생인데 돌아가고 싶지 않다. 나이 들수록 공감이 되는 말이다. 어차피 인생은 혼자 가는 길이다. 나이 들수록 혼자 가야 하는 길이라는 것을 실감하게 된다.

만남이 있으면 이별이 있듯이, 회사에 입사하면 언젠가는 퇴사를 해야 한다. 언젠가는 떠나야 한다. 그런데 오랜 세월 길들여진 출근 길, 눈뜨면 가는 그곳, 비가 오나 눈이 오나 가는 그곳 직장! 오랜 세월 다람쥐 쳇바퀴 돌듯이 출근과 퇴근을 하다보면 쉬고 싶을 때가 있다. 그럴 때 하루나 이틀은 꿈같은 휴식시간이 된다. 그런데 일주일이나 열흘을 쉬면 좀이 쑤신다. 그리고 무엇인가에 쫓기는 것처럼 왠지 불안해지고 재미가 없다. 그러다 출근을 하게 되면 왠지 발걸음이 가벼워진다.

그것이 출근의 즐거움이다. 안타까운 것은 직장에 다닐 때는 출근의 즐거움을 모른다. 그런데 언젠가부터 자신도 모르게 세상에서 가장 익숙한 곳이 되어 버린 그곳 직장, 그 직장에서 떠밀리듯이, 가장 익숙한 그곳 직장과 결별을 해야 한다. 그때의 심정은 당해보지 않은 사람들은 모른다. 정말 안타까운 것은 직장인이라면 떠나야 한다는 숙명을 안고 있는데 그것을 모른다. 모르는 것 같다. 그리고 낯선 곳에서 아침을 맞이하게 된다.

　미친 듯이 일하고 싶다. 일의 향내를 다시 한 번, 미친 듯이 일하고 싶다는 메아리 없는 외침. 현재 직장에 다니고 있는 사람은 그 향내를 잘 알지 못한다. 상상하기도 어렵다. 멀리 떠나 봐야 온몸으로 느낄 수 있는 당신들만의 냄새이기 때문이다. 오늘, 내일, 다음 달, 내년이 아니라 10년, 20년, 30년 뒤를 생각하자. 40대, 50대, 60대에는 어떻게 살 것이며, 인생을 정리할 때쯤에는 어떤 사람으로 기억되고 싶은지를 …. 우리는 모두 낯선 곳에 살고 있다. 준비하지 못한 시절을 맞은 것이다. 예전의 방식이 통하지 않는 시간과 공간 속에 있다. 모두들 초보다. 여기저기에 처음 해본다는 사람들이 득실거린다.(중략)

　　　　　　　　　　　_《직장인을 위한 변명》중에서(권영설)

두 가지의 떠남

떠남에는 두 가지가 있다. 사람은 살다보면 무릇 떠나야 할 때가 있다. 직장도 언젠가는 떠나야 할 때가 있다. 그리고 떠남에는 두 가지가 있다.

첫째는 제 발로 떠나는 것이다.

스스로 떠날 때는 반드시 갈 곳을 정하고 떠나야 좋은 여행이 될 수 있다. 그러나 지금 있는 곳이 싫어서 무작정 떠나면 가출이다. 무작정 떠나는 여행은 생각만 해도 끔찍하다. 회사가 싫다고, 마음에 안 든다고 무작정 대책 없이 회사를 때려치우면 안 된다. 회사를 제 발로 떠나려면 그 무엇인가를 준비해야 한다. 겨울 하룻밤 노숙해본 사람은 안다. 절대로 가출을 해서는 안 된다는 것을 뼛속까지 알고 있다. 준비 없는 떠남은 개고생이다.

많은 직장인이 자기사업을 하고 싶다는 욕망을 갖고 있다. 그 욕망을 실현시키려면 먼저 회사를 자발적으로 떠나야 한다. 그러나 현실은 제 발로 떠나는 사람은 거의 없고 강제로 떠나게 된다. 제 발로 떠나기 위해서는 직장에서 근무하면서 무엇인가를 준비해야 한다. 그 무엇인가를 찾아야 한다. 그 무엇은 자신이 하고 싶고, 잘 할 수 있는 일이어야 한다. 그리고 그것을 평생 직업으로 만들면 더욱 좋다.

둘째는 강제로 떠남을 강요당하는 것이다.

강제로 떠남은 참담하게 버려진 기분이다. 예기치 못한 퇴직, 준비되지 않은 퇴직은 천길 절벽에 서 있는 심정일 것이다. 강제퇴직은 개고생이 아니라 재앙을 맞게 된다. 그렇게 강제로 떠난 퇴직자들이 울고 있다. 가슴 깊은 곳에서 응어리진 피눈물을 흘리고 있다.

강제적 떠남, 강제퇴직이 자신에게 생기는 것을 막기 위해서는 꼭 필요한 사람이 되는 것이다. 그리고 쫓겨나기 전에 제 발로 여행을 떠나는 것이다. 여행의 50%는 준비에 있다. 지도를 펴고 행선지를 정하고, 어디를 경유하고 무엇을 보고, 무엇을 먹을까를 생각하는 그 자체가 여행의 50%를 차지한다. 그리고 여행의 즐거움은 떠남을 준비하는 것에서부터 시작이 된다고 해도 과언이 아니다.

공교롭게도 직장에서 꼭 필요한 사람이 되는 것과 제 발로 떠날 준비를 하는 것은 동전의 양면처럼 함께 다닌다. 직장에서 꼭 필요한 전문가가 되고 열정을 갖고 헌신을 하는 사람은 직장을 떠나도 재취업의 기회를 쉽게 찾을 수 있다. 왜냐하면 스스로 자신을 다듬어 좋은 작품으로 만들어 두었기 때문이다. 제 발로 직장을 떠나기 위해서는 근무하는 동안에 무엇인가를 준비해야 한다.

그 무엇은 직장에서 근무하는 동안 전문성을 확보하는 것이다. 전문가가 되기 위한 합리적인 경력목표를 정하고 그 경력목표를 달성하기 위해 경력개발을 열심히 하는 것이다. 그렇게 전문가로서 자신의 몸값을 극대화한 사람이 제 발로 여행을 떠날 수 있는 것이다.

교토삼굴

직장을 떠날 준비가 생존연습이다. 직장을 떠나 사회에 나오는 것은 무시무시한 정글에 내동댕이쳐지는 것과 다름없다. 특히 나이는 먹을 만큼 먹었는데 경쟁력이라고는 어느 한 구석 찾아볼 수 없는 평범한 직장인이 회사 밖으로 나서는 심정은 공포를 넘어서 극한의 위기감일 것이다.

열심히 일해도 명퇴를 당한다. 특별한 경쟁력도 지니지 않은 채 직장을 다니는 사람들은 목숨을 내놓고 다니는 셈이다. 직장인 대다수가 45세 늦어도 50세 전후에 직장인으로서의 삶이 끝난다고 봐야 한다. 그런데 믿는 구석이라도 있다면 모르겠지만, 준비되지 않은 퇴직 그리고 실직은 결코 감당할 수 없는 시련일 것이다. 더욱이 이런 사람들은 직장 밖의 사회에도 적응하기가 힘들다. 이 험난한 세상을 헤치고 나갈 칼 한 자루 손에 쥐지 못하고 있는 것은 위험천만한 일이다.

평생 직업을 위해 미리 공부하거나 밑천을 마련해 장사라도 해야 할 텐데 그 준비작업도 여의치가 않다. 평범한 직장인들은 당장 먹고 살기도 어렵고 힘들다. 그런데 직장을 나온 이후에 뭔가를 해보려고 한다면 이미 늦다. 직장에 몸담고 있을 때 세상에 나올 준비를 해야 한다. 하지만 이러한 사실을 알고 실천에 옮기는 사람은 극히 드물다. 회사를 그만두고 전직과 이직 즉, 새로운 일자리를 찾으려면 쉽지 않다. 현재의 자리에 있을 때 옮길 직장을 알아보면 경력을 인정받고, 대접을 받으면서 옮길 수도 있다. 무시무시한 강호, 무림에 나올 때는 칼 한 자루라도 옆구리에 차고 나와야 한다. 그렇다면 직장인이 세상에 나오기 위해서는 그 칼 한 자루를 어떻게 준비해야 할 것인가? 어떻게 준비할 것인가?

첫째, 회사 내에서 다양한 경험을 해보는 것이다.

직장인은 언젠가는 직장을 떠난다. 그때 제 발로 떠나려면 무엇인가를 준비해야 한다. 그 무엇을 만들어야 직장을 떠났을 때 기회를 잡을 수가 있다. 기회를 잡기 위해서는 직장에서 근무하면서 다양한 경험을 해야 한다. 총무업무를 하다가 영업부로 전환배치를 해서 영업을 경험한다거나, 인사업무를 하다 전략기획업무를 한다거나 하는 경험을 해야 한다. 낚시할 때 한 대의 낚싯대를 물에 드리우는 것보다 여러 대의 낚싯대를 기울이면 물고기를 잡을 수 있는 확률이 높다. 마찬가지로 회사에서 여러 직무를 경험하는 것이 강호 무림에서 생존할 수 있는 더 많은 기회를 잡을 수가 있는 것이다.

둘째, 회사에 다닐 때부터 적극적으로 사업을 준비하는 것이다.

맞벌이하지 않으면 먹고 살기가 힘든 것이 요즘 보통 사람들의 삶이다. 필자의 친구는 아내를 벽지 판매 및 도배하는 실내 인테리어 가게에서 아르바이트를 하도록 했다. 물론 사전에 집사람과 충분한 대화를 통해 집사람의 이해와 협조를 얻고 시작했다. 직장을 그만두고 벽지 유통 및 도배 실내 인테리어 사업을 하기 위한 준비 작업이었다.

그래서 아내를 미리 전쟁터에 내보내어 실제로 인테리어 가게를 오픈했을 때 위험 리스크를 사전에 시뮬레이션을 한 것이다. 철저하게 시험한 후에 시작했기에 큰 시련 없이 사업이 잘 되어서 새로운 일을 하게 되었다. 자영업 창업은 자신이 살고 있는 동네에서 하는 것이 유리하다. 그리고 집사람의 동네 인맥은 사업의 핵심 성공 포인트가 될 수 있다. 왜냐하면 집사람의 동네 인맥이 든든한 후원군, 스폰서가 되기 때문이다.

셋째, 직장에서 전문성을 확보하라

봉급쟁이는 죽었다. 많은 직장인이 회사가 자신을 돌보아 줄 것이라고 생각했다. 그러나 현실은 그 회사가 일자리를 빼앗아 가고 있다. 일상화 된 구조조정이라는 명분을 내세워 정리해고를 하고 있다. 운 좋게 정리해고를 피해간 남아 있는 사람들, 그들은 떠난 사람들의 몫까지 하느라 지치고, 언제 짤릴지도 모르는 불안감 때문에 스트레스를 받으면서, 꿈과 희망이 사라진 직장생활을 하고 있다.

그러나 직장인은 언젠가는 퇴사를 하게 되어 있다. 그때 후회하지 않으려면 퇴직을 준비해야 한다. 그런데 회사가 절대로 만만하지가 않다. 그래도 어쨌거나 시장에서 나를 판매할 수 있는 전문성을 준비해야 한다. 그 전문성은 회사에서 수행하는 업무를 통해서 개발하면 좋다.

그러나 현실적으로 회사를 다니면서 전문성을 확보한다는 것은 여간 어려운 일이 아니다. 지금 하고 있는 일을 좋아하는 일로 만들고, 업무를 하면서 순간순간 전문성을 확보하려는 태도를 갖는 것이 중요하다.

그렇게 자기 직무에 대한 전문가가 되어야 한다. 특히 전문성을 확보하면서 삶을 바라보는 자신의 시각 즉, 자신의 습관과 태도를 반추해보아야 한다. 이 의미는 자신이 회사에서 긍정적이고 희망을 이야기하는 사람들과 교류하고 행동하는 사람인지, 네거티브한 사람들과 뒷담화를 하는 사람인지를 인지해야 한다. 부정적이거나 뒷담화하는 습관을 갖고 있는 사람은 본인도 뒷담화에 의해 인생이 잘못 될 수 있다는 것을 알아야 한다.

현실만 있는 삶은 병자의 삶이다. 오늘을 넘기고 오늘을 사는 것만이 중요해질 때 우리는 미래를 계획할 수 없다. 교토삼굴狡兎三窟은 교활한 토끼는 위험에 대비하기 위해 도망갈 구멍을 세 개를 만든다는 의미이다.

직장인이 가장 익숙한 곳 즉, 직장에서 언젠가는 결별한다. 그때 낯선 곳에서 아침을 맞이하거나 길 잃은 영혼이 되지 않기 위해서는 무엇인가를 준비해야 한다. 그 무엇인가는 자신에게 맞는 경력목표를 정하는 것이다. 토끼처럼 여러 개의 경력목표를 정하고 관리해야 한다. 그렇게 퇴직을 준비하면 걱정할 것이 없고 설레임이 가득한 새로운 출발을 할 수가 있다.

직장인인만 모르는 3가지 실수

이 세상에 변하지 않는 것은 없다.
변하지 않는 것이 있다면 그것은 변하지 않는다는 그 말뿐이다.

다니엘 벨 Daniel Bell

내가 다니는 직장은 평생 나를 책임지는 직장일까? 직장인이라면 가끔은 생각해봐야 할 질문이다. 직장인이라면 당연히 나이 오십이 다가오면 퇴직 후의 삶을 생각해야 한다. 그런데 회사에서 과중한 업무를 하다 보면 방향감각 없이 막연하게 바쁘게만 살게 된다. 그리고 자신도 모르게 3가지 실수를 범하게 된다.

첫 번째 실수는 변신하지 않는다

직장인은 직장이라는 울타리에 있으면 때가 되면 통장에 월급,

성과금 등이 입금이 된다. 만족스럽지는 않지만 먹고 사는 데는 지장이 없다. 알뜰히 살면 미래를 위해 약간의 저축도 할 수 있다. 회사에서 열심히 해서 좋은 성과를 내면 승진도 시켜주고 각종 복지혜택도 누릴 수 있다.

그렇게 직장인으로서 누릴 수 있는 즐거움을 만끽하면 된다. 세상이 어떻게 변하든 나하고 상관이 없다. 변신을 안 해도 된다. 변신의 필요성을 느끼지 못한다. 그러나 도끼자루 썩는 줄 모르는 큰 실수를 저지르게 된다. 썩은 도끼자루는 직장인에게 강퇴, 강제퇴직으로 되돌아오게 된다. 그것이 직장인의 현실이다.

카프카의 변신이라는 소설의 주인공인 그레고리는 부모님과 여동생을 책임지는 가장의 역할을 하고 있다. 부모와 여동생을 위해 충실하게 직장생활을 하던 어느 날 징그러운 벌레로 변신하게 되었다. 처음에는 가족들이 밥도 갖다 주고, 안타깝게 생각을 했다. 시간이 경과하면서 그레고리는 애물단지, 짐덩어리로 전락하게 되었다. 결국 아버지의 폭행으로 죽음을 맞이하게 된다. 오랜 세월 부모님과 여동생을 위해 열심히 가장 노릇을 했지만 뜻밖의 변신으로 죽음을 맞게 된다.

그레고리의 모습은 현재의 직장인들과 흡사하다고 할 수 있다. 준비되지 않은 퇴직은 직장인에게 재앙을 가져다준다. 그리고 그렇게 많은 퇴직자들이 눈물을 흘리게 된다. 아름다운 퇴직은 절대 없다. 아름다운 명예퇴직은 절대 없다.

예전에 한국공항공사에서 교수기법에 대해 강의를 했다. 한국공항공사는 교통부, 공항공단 그리고 공사로 바뀌면서 자연스럽게 상시구조조정을 하게 되었다. 교육생 중에 한 사람은 선배들이 불시에 강제퇴직을 당하는 것을 보면서 언젠가는 자신도 강제퇴직을 당할 수도 있다는 불안감을 가졌다고 한다.

그래서 퇴직 이후를 어떻게 대비할 것인가를 고민했다. 고민을 하다가 그 어떤 변화에도 영향을 받지 않고 불황에도 전혀 지장이 없는 아이템을 선택했다. 그것은 사주팔자, 관상, 수상 등의 명리학을 공부해서 명리학 고수가 되는 것이다. 그 뒤로 명리학 도서를 구입해서 공부를 했는데 책의 행간을 읽을 수가 없어서 무림의 고수에게 사사를 받고 있다고 했다. 지금은 무림의 고수가 되어서 왕성한 활동을 하고 있을 것이다.

직장인을 둘러싼 환경은 상상을 초월할 정도로 빠르게 변화하고 있다. 어떻게 변신할 것인가? 어떻게 살아남을 것인가? 항상 생각해야 할 숙제이고 과제이다.

오래전에 사무실 근처에 자주 가던 목욕탕이 있었다. 동네 구석에 작은 목욕탕이어서 그 목욕탕에서 일하는 사람들의 수입이 일정치가 않았다. 그래서 일하는 사람들이 수시로 바뀌었다. 특히 구두 닦는 사람들이 수시로 바뀌었는데 꼴에 보증금도 있었다. 어떤 구두 닦이는 보증금 때문에 그만두고 싶어도 그만두지를 못했다.

그때 만난 자칭 신정김씨 시조신정동에서 김씨로 등록했다고 함 김맹호 씨가 생각이 난다. 초등학교도 제대로 졸업하지 못했던 그 구두닦이 는 고객만족과 예절교육만큼은 제대로 배운 것 같았다. 인사도 잘하 고, 친절하고, 말도 잘하고, 우스갯소리도 잘하고 해서 목욕탕에 오 는 손님들을 즐겁게 해주었다. 김맹호 씨에 의해서 목욕탕의 손님들 도 늘고, 또 오게 만들고 구두를 닦게 만들고, 음료수도 마시게 만들 었다. 한마디로 목욕탕 손님들을 자신의 충성고객으로 만들었다.

1년 남짓 일을 하면서 본인의 빚도 청산하고 약간의 저축도 하게 되었다. 그런데 어느 날 목욕탕을 떠난다고 하는 것이 아닌가. 단골 고객과 목욕탕 주인이 섭섭해서 붙잡고 만류를 하건만 그 친구의 고 집을 꺾을 수가 없었다. 그 구두닦이와 정도 들고 해서 이별주를 한 잔하게 되었다. 삶의 터전도 괜찮고, 수입도 좋은데 왜 떠나려고 하 는가라고 물어보니 서울생활이 재미가 없고, 재미가 없으니 꿈도 없 어졌다고 한다.

그래서 자신의 꿈을 위해 삶의 터전을 바꾸려고 한다. 그리고 경 북 점촌에다 삶의 터전을 잡았다. 물론 사전에 철저한 준비를 했다. 작은 구두닦이 부스를 내서 구두도 닦고, 팔기도 하고 수선도 하겠 다는 구체적인 계획에 의해서 준비를 했다. 그 친구가 떠날 때 뒷모습이 너무도 당당하고 멋있어서 부러웠다. 나도 같이 떠나고 싶었지만 떠날 수가 없었다. 나도 철저히 준비해서 서울을 떠나겠다는 꿈, 마음을 먹었지만 지금도 떠나지를 못하고 있다.

> "장소를 바꾸고, 시간을 바꾸고, 생각을 바꾸면 미래가 바뀐다."(Changing Place, Changing Time, Changing Thought, Changing Future)
>
> _ 베네치아 구겐하임 벽화

여기에다 꿈을 바꾸면 모든 것이 바뀐다는 글을 넣으면 정말 좋을 듯하다.

김맹호 씨는 자신의 꿈을 위해, 삶의 장소도 바꾸고, 삶의 터전도 바꾸고, 자신의 생각도 바꾸고, 도전해서 자신의 미래도 바꾸었다. 시간이 흘러 김맹호 씨는 점촌에서 제법 큰 식당을 운영하고 있고 경제적인 여유를 갖고 생활하고 있다. 이 글을 읽는 여러분도 김맹호 씨와 구겐하임 벽화를 참고해서 변신의 아이디어를 얻었으면 좋겠다.

두 번째 실수는 직업이라는 통장잔고가 없다

내가 다니고 있는 직장은 평생 나를 책임지는 직장일까? 직장에서 정리해고 당했을 때 무엇을 해서 먹고 살 수 있을까?

고민만 해서 될 일이 아니다. 먹고 사는 일, 직업에 대해서 깊이 있게 심사숙고를 해야 한다. 직장 다닌다고 절대로 직업이 생기지 않는다는 것을 알아야 한다. 다니던 직장에서 퇴직하고 누가 "직업이 무엇입니까?"라고 물어본다면 무엇이라고 말할 수 있을까? 직장에 다니면 직업이 있고, 직장을 떠나면 직업이 없다고 할 수 있을까?

직장과 직업을 동일시하는 것은 직장인에게 아주 끔찍한 결과를 가져다준다. 직장이란 일하는 장소, 사무실을 뜻한다. 직업은 자신이 가진 전문적 기술로써 자기 분야에서 스스로 결과물을 만들어내고 일정한 돈을 벌 수 있는 일業을 말한다.

직장에 다니면 직책, 타이틀은 주어지지만, 직업이 자동으로 생기지는 않는다. 직업이 있다는 것은 직장을 다니는 상태라기보다는 직장을 떠나서도 독립해서 일을 할 수 있는 상태를 뜻한다. 대다수의 직장인은 직장생활을 하면서 자신의 직업은 만들지 못하고 명퇴하게 되는 게 현실이다.

필자는 다양한 규모, 다양한 업종, 다양한 회사의 직장인들과 대화를 나누었다. 다양한 삶의 현장에서 강의를 하다 보면, 먹고 사는 방법이 내가 알지 못했던 다양한 직업이 있다는 것을 새삼 깨닫게 된다. 예전에 잘 나가던 직업이 지금은 신통치 못한 직업이 되기도 하고, 신통치 못했던 직업이 지금은 잘나가기도 한다.

이제 직장과 직업의 의미를 다시 정리해야 한다. 하고 싶고 좋아하는 일을 하면서 살 수 있어야 한다. 그래야 자신에게 살고 싶은 대로 살아 볼 기회를 한 번은 줄 수가 있다.

세 번째 실수는 공부를 안 한다

더 이상 배울 것이 없다고 생각하는 사람은 외롭다. 그러한 오만한 자세는 재앙으로 이어진다. 우리가 계속 배우면서 젊음을 유지하는 것처럼 배우는 것을 멈출 때 노화는 빨라진다.

> 생각하지 않고 두뇌를 훈련시키지 않는 것만큼 사람을 나이 들게 하는 것은 없다.
>
> _ 앤프레드 케츠 드 브리스, 《삶의 진정성》에서

직장인은 공부를 잘 하지 않는다. 공부를 해도 쓸데없는 공부를 한다. 스펙을 만들라는 것은 더더욱 아니다. 필자가 말하는 공부란 내공을 만들라는 것이다. 경력을 쌓으라는 뜻이다. 내공은 축적된 삶의 경험이 제공하는 성찰능력을 말한다.

퇴직자들이 울고 있다

성공한 사람들을 보면 대체로 남들보다 먼저 배워서 잘 활용하는 사람들이다. 타고난 그대로를 가지고 생긴 그대로를 가지고, 아무것도 안 배우고 성공할 수 있는 사람은 없다. 삼국지에 오나라의 장수 여몽을 만난 노숙이 무략만 있다고 여겼는데 예전의 여몽이 아니다라고 놀랐다. 이때 여몽이 선비는 헤어진 지 사흘이면 마땅히 다시 눈을 비비고 봐야 한다고 했다. 괄목상대刮目相對란 말은 매일 꾸준한 공부가 중요하다는 뜻이다.

보보시도장步步是道場

사람은 늙어서 죽는 것이 아니다. 한걸음 한걸음 길을 닦고, 스스로 닦아 나가기를 멈출 때, 죽음이 시작되는 것이라는 생각이 든다.

_ 이병철 회장

백년을 살아보니

남보다 뛰어나다고 해서 고귀한 자가 되는 것은 아니다. 과거의 자기 자신보다 우수한 자가 결국에는 고귀한 사람이 되는 것이다.

_ 어니스트 헤밍웨이

김형석 교수는 《백년을 살아보니》라는 책에서 예순은 돼야 철이 든다고 했다.

　김 교수는 자신의 경험을 토대로 사람들이 생애 주기별로 추구해야 할 것들을 전했다. 그에 따르면 사람의 인생은 크게 0~30세, 30~60세, 60세 이후로 분류된다. 시기마다 추구해야 할 가치가 달라진다.

　태어나서 서른 살까지는 나무로 치면 뿌리와 밑둥을 키우는 시기다. 서른 살까지는 인생의 근간이 되는 뿌리를 만드는 시기다. 앞으로 얼마나 성장할 수 있는가의 가능성이 결정된다. 무조건 많이 배워야 한다고 했다. 이어 평생 어떤 인생을 살고 어떤 직업을 가질 것인지 계획을 세워야 하는 시기라고 했다.

　30~60세까지는 일을 하며 일에 대한 가치관을 확립하는 시기다. 김 교수는 일을 할 때는 돈을 좇지 말고 가치를 좇아야 한다. 돈을 보고 일하면 돈에 해당하는 만큼의 이윤이 남지만, 가치를 추구하면 일이 또 다른 일을 낳고, 오히려 수입도 증가한다고 말했다.

　이 시기는 인간관계에 대한 학습도 필요하다. 다양한 분야의 많은 사람과 만나기 때문이다.

　60세 이후는 제2의 인생을 시작하는 동시에 열매를 맺는 시기다. 그의 표현에 따르면 인생의 노른자에 해당하는 시기다. 그는 60살쯤 되면 철이 들고 내가 나를 믿게 된다. 75살까지는 점점 성장하는 것도 가능하고, 이후로도 노력 여하에 따라 본인의 성취를 유지할 수 있다고 했다.

　　　　　　　　　　　　　　　　　　퇴직자들이 울고 있다

다만 환갑 이후에도 성장하기 위해선 계속 일하고 책을 많이 읽어야 한다는 조건을 달았다.

김 교수는 친구들과 살면서 가장 행복한 때가 언제였느냐를 이야기한 적 있는데 60~75살이라는 데 의견이 일치했다. 내가 만약 환갑 이후에 늙었다고 그때를 포기하고 놓쳤다면 어땠을까를 생각하면 아찔할 때가 있다. 인생에서 가장 행복한 시기는 바로 60부터라며 웃음 지었다.

퇴직 절벽, 퇴직 공포

우리의 직업은 우리의 삶을 의미있게 만들어주는 힘을 갖고 있다.

로저 E. 헤먼

준비된 자기소개

사람은 사람과 어울리면서 살아간다. 자연히 이런 모임, 저런 모임 등 여러 모임을 갖게 된다. 그런데 어떤 모임에서는 뜬금없이 자기소개를 하라고 할 때가 있다. 생각지도 못한 자기소개 때문에 한두 번쯤은 낭패, 난감함을 경험했을 것이다. 아무 생각없이, 준비없이 모임에 참석했는데 진행자가 느닷없이 자기소개를 하라고 하면 당혹스럽고 난감할 수밖에 없다.

필자는 주민자치위원들에게 특강을 한 적이 있었다. 자치위원들

퇴직자들이 울고 있다

과 호흡이 잘 맞았는지 강의반응과 호응이 좋았다. 주어진 강의시간이 어떻게 지나갔는지 모를 정도로 강의가 잘 마무리 되었다. 강의가 끝난 후 자리를 바꿔 식사를 하게 되었는데, 위원장, 회장 등의 간부들이 인사말을 멋들어지게 하는 것이 아닌가? 어떨결에 필자보고 자기소개를 하란다. 그 자리는 내가 나서서 인사말을 할 그런 자리가 아니었는데도 말이다. 그래서 대충 인사말을 하게 됐다. 앞에 임원진은 자기소개를 많이 해본 사람들인 것 같았다. 또한 그 자리에서 자기소개를 하기 위해 나름 준비를 해온 것 같았다. 그러니 자연스럽게 대비가 될 수밖에 없었다.

브라보를 몇 번 외치고 분위기가 익어갈 무렵에 한 분이 필자에게 "강의는 멋졌는데 자기소개는 잘 못하시네요"라고 하는 게 아닌가? 아주 민망한 경험을 했다. 많은 사람들 앞에서 오랜 세월 강의를 한 필자도 준비되지 않은 자기소개, 자리에 어울리지 않는 자기소개는 당혹스럽기는 마찬가지이다.

하물며 다른 사람들이야 오죽하겠는가? 여러 모임에 참여할 수밖에 없는 것이 우리네 삶이라고 할 수 있다. 앞으로 여러 모임에 참여할 때를 대비해서 자기소개 시나리오를 여러 개 준비해두면 좋을 것 같다. 모임에서 멋있는 자기소개는 그 모임에서 자신을 빛나게 할 수도 있고, 스타가 될 수도 있다.

연예인들이 상을 수상할 때 멋들어진 수상소감을 하는 경우가 있다. 황정민은 청룡영화상에서 남우주연상을 받으며 잘 차려진 밥상에 숟가락 하나 얹었을 뿐이라는 소감을 남긴 바 있다. 황정민의 밥 상소감은 많은 대중에게 좋은 이미지를 각인시켜 주었고, 그 후광으로 스타가 될 수 있었다.

여러 모임에서 준비된 자기소개는 자신을 돋보이게 할 수 있다. 마찬가지로 철저한 퇴직 준비로 새로운 삶, 설레이는 삶을 준비해야 한다. 준비되지 않은 퇴직으로 인해 퇴직자들은 눈물을 흘리게 된다. 그리고 흘리는 눈물이 쌓여서 재앙으로 이어지게 된다.

준비 없이 퇴직한 직장인들의 심리상태

준비 없이 모임에 참여하면 곤혹스러운 경험을 하게 되듯이, 준비 없이 퇴직한 퇴직자에게 연이은 상실감, 좌절, 분노를 안겨준다. 그리고 준비 없이 퇴직한 퇴직자는 낙관, 의기소침, 초조와 불안, 분노의 단계로 심리상태가 변화한다. 특히 자신이 근무했던 회사와 동료들에 대한 배신감과 분노폭발과 무력감을 표출하게 된다.

❶ 단계 : 낙관
퇴직자들은 경력에 대한 자부심과 자신감이 넘친다. 내가 누군데, 잘 나가는 회사에서 팀장까지 했던 사람이야, 임원까지 했던 사람이야 등의 경력에 대한 자부심과 막연한 자신감에 넘치게 된다.

퇴직자들이 울고 있다

재취업은 언제나 할 수 있고, 창업도 성공할 수 있다는 낙관을 하게 된다. 그래서 직장생활을 하느라 하지 못했던 것을 실행을 하게 된다. 여행도 가고, 영화도 보고, 등산도 가고, 고향에도 다니고, 친구도 만나러 다닌다. 그렇게 1~3개월 정도를 신나게 논다.

그런데 1~3개월이 지나게 되면 무엇인가 모르는 공허함, 두려움이 몰려온다. 그 무렵 서서히 집사람이 눈치를 준다. 그리고 자녀들과의 관계도 어색해지고 무력감에 시달리게 된다. 그래서 무엇인가를 해야겠는데, 무엇을 할 것인가를 고민하게 된다. 아무리 생각해도 할 수 있는 것, 할 줄 아는 것이 없다. 자신이 대단하다고 착각했던 것을 깨닫게 된다. 그리고 퇴직을 하는 순간 직장에서 동거동락했던 동료, 후배들도 더 이상 인연이 아니다. 그리고 잊혀지게 되는 인물이라는 것을 깨닫게 된다.

❷ 단계 : 의기소침

낙관에서 의기소침으로 바뀌는 기간은 극히 짧다. 그리고 기가 많이 죽게 된다. 그래도 용기를 내어 적극적으로 구직활동에 나서지만 좌절감만 더하게 된다. 특히 대기업 출신, 임원, 부장 등 고급관리자 출신일수록 깊은 좌절감과 쓰라림을 맛보게 된다. 그리고 깊은 상처를 받게 된다. 정년퇴직한 사람뿐만 아니라, 반퇴, 명퇴한 사람들도 마찬가지이다. 그렇지만 현실은 구직활동을 이어갈 수밖에 없다. 왜냐하면 부족한 생활비를 벌어야 하기 때문이다.

그리고 반복적인 구직 실패로 인해서 자신감을 상실하게 된다. 특히 대기업 출신과 주된 직장에서 오랜 세월 근무한 사람일수록 더욱 큰 자신감 상실로 상처를 받게 된다. 화려한 경력과 누가 봐도 부러운 대단한 스펙을 갖고 있어도 재취업 시장에서 50대는 쓰레기 취급을 당하게 된다. 그런데 안타깝게도 이런 현실을 본인만 모른다는 것이다. 특히 대기업 출신일수록 부품, 소모품으로 길러졌다. 그리고 화려한 스펙만 있다. 그런데 그 화려한 스펙도 철지난 스펙이다. 그리고 내공이 없는 무능한 하수일 뿐이다.

❸ 단계 : 초조와 불안

반복적인 구직 실패로 재취업에 대한 희망 감소로 초조와 불안감에 쌓이게 된다. 연이은 구직 실패로 본인의 현재 모습을 직시하게 된다. 그로인해 불안감과 공포로 커다란 상실감을 갖게 된다. 감당하기 힘든 상실감을 극복하기 위한 노력을 하지만 모든 것이 여의치 않다. 가족에 대한 미안함, 부양책임에 대한 부담 때문에 가끔 극단적인 생각을 하게 된다. 경제적인 여유가 있는 사람은 그래도 극복하기 위한 노력을 할 수 있는데, 경제적인 여유가 없는 사람은 더 더욱 감내하기가 힘들게 된다. 그러면서 자신의 존재에 대한 의문감이 들기도 한다. 나는 누구인가? 자신의 존재 자체에 대한 불안을 표현하게 된다.

❹ 단계 : 분노

옛 직장과 동료에 대한 배신감과 같은 구체적 대상뿐만 아니라 막연한 대상에 대해서도 분노를 표출한다. 가끔 매스컴에 오르내리는 묻지 마 폭행 등 심각한 사회적 문제가 발생한다. 어떤 사람은 자신의 분노를 주체하지 못해 극단적 선택을 하는 경우도 있다. 이런 퇴직자의 심각한 현실을 정부도 인지하지만 뾰족한 대안을 내놓기가 쉽지 않다. 그나마 대안으로 퇴직자 교육을 법정교육으로 실시하고 있다.

그러나 퇴직자 교육의 현실은 형식적으로 교육이 이루워지고 있다. 왜냐하면 회사나 담당자가 퇴직자 교육의 중요성을 모르고 있기 때문이다. 더 안타까운 것은 퇴직예정자들도 퇴직 이후의 상황에 대한 심각성을 모른다는 것이 문제다. 실제로 필자가 참여한 퇴직자 컨설팅 및 퇴직자 교육을 한 회사의 교육대상자들을 보면 교육을 회피하고 있다. 그리고 퇴직자 교육은 교육생보다는 살아낸 경험이 풍부한 사람이 앞으로 이렇게 살아내야 되지 않겠는가 하고 조언하는 것이어야 한다. 그런데 퇴직에 대한 강의를 하는 강사들을 보면 퇴직예정자들 보다 나이 어린 강사가 많다. 당연히 교육생이 공감하기가 어렵다.

생애설계와 퇴직준비

스탠포드대학은 마지막 학기에 〈너의 인생을 디자인하라〉를 개설하고 수강하게 한다. 그리고 학생들에게 현명한 퇴사법을 가르친다. 일본 기업은 신입사원 때부터 라이프플랜CDP 교육을 통해 퇴직준비를 시킨다. 도요타는 20년 전부터 생애디자인Life Design 교육제를 시행하고 있다. 20~30대에게는 주택 보유, 자녀교육과 같은 사회 초년생으로서 윤택한 가정을 꾸리기 위한 준비 작업을 착실히 할 수 있도록 돕는다. 학자금과 같은 가계 지출이 많은 40대에는 수입과 지출의 균형을 맞출 수 있는 재테크 교육과 함께 노후생활 계획을 작성토록 컨설팅한다. 50대에 들어서면 퇴직 후 회사와 가정생활을 보다 풍요롭게 보낼 수 있는 프로그램을 제공한다.

브릿지스톤이라는 기업은 30대까지는 카드 사용법, 정신건강 관리법, 집 장만 요령 등을 가르친다. 40대에게는 재산형성 요령, 국가의 연금제도 정보 등을 교육한다. 50대 이상에게는 사회보장제와 건강, 노후 삶의 균형을 이루는 방법을 교육한다. 그리고 생애 경력관리뿐 아니라 대규모 실직과 같은 위기 상황에선 별도의 재취업 집중프로그램으로 해고자의 상당수를 일터로 보내기도 한다.

그런데 우리나라의 직장인들은 여전히 미래가 불안하다. 이들을 내보내는 기업들의 전직지원Replacement 프로그램은 형식적으로 운영되고 있는 실정이다. 그래서 우리의 직장인은 준비 없이 퇴직을 하게 된다. 그런 퇴직은 당연히 난감함을 넘어 공포를 느낄 수밖에 없다.

이런 현실에 비추어 볼 때 현대카드의 전직지원 프로그램은 좋은 본보기가 될 수 있다.

현대카드는 퇴직자를 위한 창업프로그램CEO플랜을 운영 중인데 지금까지 많은 직원이 창업해서 현재까지 폐업한 사례가 없다고 한다. 창업 아이템은 회사에서 선정해 협약을 맺은 그린스터디 독서실과 카페블랙모티브 등으로 창업 의사를 밝히면 창업비용의 30% 정도를 절감할 수 있다. 눈에 띄는 건 창업을 통해 회사를 떠났음에도 불구하고 사내 퇴직자 창업 지원팀에서 전담 마크를 해준다는 점이다. 현대카드가 명퇴 등 인위적인 인력 감축보다는 창업프로그램을 통해 퇴사를 유도하려는 것은 인력 효율의 연장선과 맞물려 있다.

퇴직자의 분노감정과 표출은 퇴직 사유와는 무관하다. 그리고 분노감정 표출은 개인의 지울 수 없는 외상화로 연결되게 마련이다. 어쨌거나 정년퇴직자라면 20~30년, 45세 전후의 퇴직자라면 30~40년이라는 새로운 삶을 살아야 한다. 그러므로 더 늦기 전에 더 늦기 전에 당신의 경력을 디자인해야 한다. 당신의 인생을 디자인해야 한다.

퇴직은 재앙이다

젊음은 알지 못한 것을 탄식하고,
나이는 하지 못한 것을 탄식한다.

앙리 에스티엔

퇴직준비를 안 한다

퇴직은 은퇴가 아니다. 퇴직은 현재의 직업이나 맡은 일에서 물러나는 것이다. 그리고 은퇴는 맡은 바 직책에서 손을 떼고 물러나서 한가로이 지내는 것을 의미한다. 필자는 김성근 감독이 출연하는 최강야구(JTBC)라는 프로그램을 즐겨 보고 있다. 박용택, 이대호, 정근우, 유희관 등은 한 시대 야구판을 풍미했던 스타 출신들이다. 그리고 엄청난 재력가들이기도 하다. 그런데 이런 스타들은 은퇴한 사람들인가? 퇴직한 사람들인가?

은퇴한 사람들이라고 말하지만 엄밀히 말하면 은퇴가 아닌 퇴직한 사람들이다. 그리고 새로운 야구판에서 새롭게 활동하고 있는 것이다. 김성근 감독이 최강야구에 출연하는 선수들에게 너희들은 프로다. 왜냐하면 돈을 받고 야구를 하고 있기 때문에 프로라고 한다. 과거 현역시절에 받던 연봉과는 비교할 수 없는 출연료를 받고 있지만 돈을 받고 있다면 프로가 틀림없다. 영원한 현역 김성근 감독은 1942년생이시다. 80대의 청춘이다. 암수술을 네 번이나 하셨다고 한다. 수술을 하고서도 기저귀를 차고서 피를 흘리면서도 평고(야구에서 수비 연습을 위해 배트로 공을 쳐주는 행위)를 하셨다고 한다. 김성근 감독의 대단한 프로근성이 영원한 현역의 비결인 것 같다.

직장인은 입사와 동시에 퇴직으로 가는 운동체이다. 그런데 퇴직과 은퇴 사이에는 많은 시간이 존재한다. 40대에 퇴사하면 40~50년의 시간이 존재하고, 50대에 퇴직하면 30~40년이라는 시간이 존재하게 된다. 그리고 준비가 안 된 30~50년은 당연히 재앙이고, 재앙을 불러오게 된다. 안타까운 것은 직장인들이 그 심각성을 모른다는 것이다. 그런데 직장인 10명 중 8명은 퇴직준비를 못한다. 왜냐하면 현실적으로 퇴직준비하기가 어렵다.

퇴직준비를 할 수 없다. 회사가 그렇게 만만치가 않다. 호락호락하지가 않다. 과중한 업무목표 그에 따른 업무성과를 내야 하기 때문에 숨쉴 틈이 없다. 숨쉴 틈이 없으니 당연히 퇴직을 준비할 시간이 없다. 업무에 채이다 보면 몸은 녹초가 된다. 녹초가 된 몸으로 늦게 퇴근을 하면 몸을 추스르기 바쁘다.

　가끔 회식을 하거나 거래처 사람들과 술자리를 하게 되면 그 다음날은 근무시간이 죽음이다. 퇴직을 준비해야 한다는 것, 자기계발을 해야 한다는 것을 머리로는 알고 있다. 그러나 현실은 준비하고 싶어도 할 수가 없다. 몸이 따라주지 않는다. 주말에는 마치 죽은 사람처럼 잠자기 바쁘다. 운동을 해야 한다는 것을 알고 있지만 소진된 체력으로는 웬만한 의지력 갖고는 할 수가 없다.

반퇴시대 그리고 대퇴사시대

　지금 기업에서는 구조조정, 정리해고, 조기퇴직, 명예퇴직 다양한 형태의 강제퇴직, 비자발적 퇴직이 이루어진다. 대량 감원시대, 대량 학살시대 그것도 불시에 학살이 자행되는 반퇴시대이다. 그런데 직장인의 삶은 직장을 축으로 모든 것이 이루어진다. 주된 직장에서 근무하는 기간이 길어질수록 직장 밖의 삶에 대비가 이루어지지 않는다. 적시適時 퇴사가 아닌 불시不時에 이루어지는 퇴사는 시간이 흘러가면서 퇴직들에게는 재앙이라는 그림자가 깃들게 된다.

　불시퇴사, 준비 없는 퇴사는 늦은 밤, 가로등도 없는 막다른 골목에서 칼 든 강도를 만났을 때의 공포감일 것이다. 막막함, 막연함, 깜깜함, 황당함, 당혹 등 그런 심정일 것이다. 아니 절벽에서 떨어지는 공포감보다 더할 것이다. 그리고 어찌 못하는 자신을 발견하고 답답함과 억장이 무너질 것 같은 심정일 것이다.

퇴직의 불안감, 공포감의 강도는 경제적 차이와 퇴사경험의 차이에 따라 다를 것이다. 주된 직장에서 장기근속한 사람은 상대적으로 불안감에 대한 강도가 클 것이다. 그리고 퇴직경험, 이직경험이 많은 사람은 상대적으로 내성이 있기 때문에 불안감을 적게 느낄 것이다.

불안정한 자신의 위치를 극복하기 위해 내면적 자기퇴직, 대퇴사시대Great Resignation, 조용한 퇴사 QQQuiet Quitting족. 그래서 N잡러가 대세인 시대가 되었다. 어쨌거나 퇴직은 은퇴가 아니다. 퇴직은 무엇인가를 새롭게 시작해야 하는 새로운 출발점이다.

새로운 출발점에서의 2가지 선택지

현실적으로 재취업은 어렵다. 재취업을 해도 정규직이 아닌 비정규직, 임시직, 최저임금이 주류를 이룬다. 주된 직장에서 관리자(과장~부장.임원)로 퇴사를 하게 되면 관리자의 직급, 즉 고급 일자리가 없다. 경력이 의미가 없다는 것이다. 직장인으로서 절정의 역량을 과시할 수 있는 50전후의 나이, 갖고 있는 스펙과 경력을 본인은 대단하다고 생각한다. 그러나 재취업 시장에서는 인정하지 않는다.

첫 번째 선택지는 재취업이다.

헤드헌팅 회사를 경영하는 후배가 해준 말은 과히 충격적이다. 자기는 에스그룹의 관리자들의 이력서를 많이 갖고 있다. 남들이 부러워할 만한 스펙과 경력을 갖고 있는데 정작 재취업 시장에서는 50이 넘으면 쓰레기 취급을 한다는 것이다.

그리고 고급 일자리가 없다. 그 이유는 어떤 기업이건 관리자는 구조조정, 정리해고의 대상이다. 나이 먹은 관리자는 인재가 아닌 돈 먹는 하마 취급을 받게 된다. 그래서 인건비가 적게 드는 젊은 사람, 낮은 직급의 사원으로 대체하게 된다. 어떤 경우에는 인원을 충원하지 않고 남은 인력에게 업무를 분담하게 하는 경우도 있다. 그리고 고용노동부, 산업인력공단, work.net, hrd.net 등을 검색해보면 일자리가 검색된다. 정부 및 공공기관에서 제공하는 정보는 대다수가 비정규직, 최저임금 수준의 일자리이다.

경력을 인정받아 중소기업의 관리자로 재취업에 성공한다 해도 주된 직장에서 받던 급여에서 40% 내외로 삭감이 된다. 복지혜택까지 생각하면 "아 옛날이여"라는 소리가 저절로 나오게 된다. 그리고 관리자로 재취업을 해도 현실적으로 6개월을 버티기가 어렵다. 왜냐하면 능력은 없고 스펙만 있기 때문이다. 그것도 내구연한이 사라진 철지난 스펙, 용도 폐기된 스펙이기 때문이다. 대기업이나 중견기업에서의 역량이란 중소기업에서는 부품, 소모품에 불과한 경력이고 역량이다. 거기다가 재취업한 중소기업에서는 멀티플레이어를 요구

한다. 그렇기 때문에 재취업에 성공한다 해도 6개월을 버티기가 어렵다.

두 번째 선택지는 창업(자영업, 귀농, 귀어 등)이다.

길거리에서 지나가는 사람을 붙잡고 물어보라. 회사를 퇴직한 사람이 창업을 하면 성공할 확률이 얼마나 되는가? 90% 이상이 망한다고 대답할 것이다. 강의 중에 교육생(관리자, 퇴직 예정자 등)에게 창업하면 성공할 확률이 얼마나 되는가 질문을 하면 90% 이상이 망한다고 한다. 그런데 이렇게 창업하면 성공한다, 이렇게 하면 재취업에 성공한다라는 내용의 서적들이 넘쳐난다. 창업관련 서적 몇 권 읽었다고 창업에 성공할 수는 없다. 재테크 책을 읽었다고 부자가 될 수 없는 이치와 똑같은 것이다.

그런데 교육생보다도 훨씬 젊은 강사가 너무 쉽게 강의한다. 아니 함부로 강의하는 것 같다. 함부로 쉽게 말하면 안 된다. 중요한 것은 90%가 실패하는 것이 정답이다. 그리고 창업실패는 빚더미에 앉게 되고, 가정불화, 가정파괴, 고독사로 이어지게 되고 실버파산으로 연결된다. 그리고 재앙으로 귀결되게 되어 있다. 너무 끔찍한 일이다. 유튜브에서 창업실패 관련해서 검색을 해보면 끔찍한 사례가 넘쳐나는 것을 알게 될 것이다.

옛날에는 노인들이 죽고 싶다고 하는 이야기가 3대 거짓말(장사꾼이 밑지고 판다, 노처녀가 시집 안 간다)에 들어갔다. 그런데 지금은 3대

거짓말이 현실이 됐다. 그리고 OECD 국가 중에 노인 자살률이 일등이다. 노후의 삶, 노인 빈곤율이 심각하다. 70~80대에 생활비를 벌어야 하는 사람이 70~80% 정도라고 한다. 그런 상황에서 창업실패를 하게 된다면 상상하기 힘든 재앙이 기다리게 된다. 더불어 젊은 사람(20~30대)의 자살률이 1위라고 한다. 젊은이들의 미래가 없기 때문이다.

이런 상황에서 퇴직자들이 창업을 하게 되는 이유, 창업에 내몰릴 수밖에 없는 이유는 무엇일까? 퇴직자 대다수가 40~50대 가장이다. 가족을 부양해야 하는 막중한 책임이 있는 나이이다. 그리고 돈이 가장 많이 들어가는 나이이다. 그리고 창업실패의 위험성을 알기 때문에 재취업을 하기 위해 처절하게 노력한다. 그러나 재취업, 정리해고, 일용직, 다시 재취업, 정리해고, 일용직의 악순환을 경험하다가 결국에는 창업에 내몰리게 된다. 울며 겨자 먹기 식으로 창업을 하게 된다. 이유는 간단하다. 생활비를 벌기 위해 마지막으로 선택하는 것이 창업이다. 그것도 대다수가 요식업, 프랜차이즈 창업을 하게 된다.

필자는 D기업에서 미래 CEO 양성과정을 두 차례 강의한 적이 있다. 그때 김명수 차장을 교육생으로 만나게 되었다. 예의 있고 배려심이 있어 호감이 갔고 가끔씩 연락하며 지내는 사이가 되었다. 팀장으로 승진해서 근무하다 2008년 리먼 사태 때 구조조정을 당했다. 그때 소주 한잔 기울이면서 나눴던 조언이 절대로 창업은 하지 말라였다. 김 팀장도 창업실패의 심각성을 알고 있었기 때문에 재취업을 하려고 노력했다. 그때 김 팀장의 나이가 45세 정도된 것 같았다. 그리고 재취업, 정리해고, 일용직, 또 재취업, 정리해고, 일용직의 악순환을 10년간 경험하게 되었다.

자녀들의 성장과 더불어 교육비 및 생활비의 증가로 울며 겨자 먹기 식으로 요식업을 창업하게 되었다. 2018년 하반기 대형 고깃집을 창업했는데 2020년 코로나에 직격탄을 맞고 쫄딱 폭망했다. 회사에서 촉망받던 사람이 10년간 재취업, 일용직으로 전전하다 요식업 창업을 하고 폭망했다. 골목상권은 영세업이라고 하는데, 프랜차이즈 창업은 영세업이 절대 아니다. 많은 돈이 투자되는 업종이다. 김 팀장은 창업 2년이 안 돼서 많은 빚을 지게 되었다.

김 팀장은 4인 가족의 가장이다. 대학원에 재학 중인 아들, 대학에 다니는 딸 그리고 집사람이 각자 열심히 노력하고 있다. 부모로서 자식에게 해줄 수 있는 것이 없어서 졸업이라도 시켜야 하겠다는 일념 하에 살고 있다. 그래서 자신은 대리운전을 하고 있다고 한다. 왜냐하면 재취업 일자리도 없거니와 빚을 갚으려면 낮은 급여로는 감당할 수 없기 때문이다. 집사람도 열심히 일을 해서 살림에 보탬이 되고 있다. 그렇게 4년 정도 열심히 살면서 빚을 갚고 지금은 1억 정도의 빚이 있다고 한다.

그런 상태에서 연금도 없다. 노후준비는 꿈같은 이야기이다. 언제까지 버틸지 모르겠다, 아프지 말고 건강이 버텨줘야 할 텐데 하면서 쓴웃음을 짓는다. 지금의 유일한 꿈은 자식들이 잘되기만을 바란다. 자녀들이 잘돼서 노후를 책임져주면 하는 로또당첨 같은 꿈을 꾸고 있다. 김 팀장의 살아온 이야기와 한잔 술이 이렇게 쓸까 싶을 정도로 가슴이 아렸다. 그런 김 팀장은 속으로 피눈물을 흘리고 있을지도 모른다. 그래도 김 팀장은 심성이 굳고 바른 사람이라 가족의 배려로 서로 노력하고 힘든 시절을 헤쳐가고 있다.

창업에 실패한 많은 사람이 빚더미에 몰리게 되고 가정불화, 가정파괴, 하루살이 인생으로 전락해서 쪽방촌, 원룸, 오피스텔 등에서 생활하는 사람이 100만 명이 넘는다. 그래서 고독사가 늘고 있는 것이 현실이다. 직장인은 언젠가는 퇴직을 하게 된다. 상시 구조조정의 시대에 회사에서 살아남으려면 성과를 내야 한다. 그런데 80% 이상이 퇴직준비를 못한다. 아니 퇴직을 준비할 수 있는 시간과 여건이 되지 않는다. 그러나 퇴직은 현실이다. 어려운 여건에서도 퇴직준비를 해야만 한다. 왜냐하면 준비되지 않은 퇴직은 필연코 재앙으로 이어지기 때문이다.

재취업 6개월을 못 버틴다

재취업에 성공해도 6개월을 버티지 못하는 이유는
자신의 한계를 모르기 때문이다. 갖고 있는 경력과 스펙을
본인은 대단하다고 생각하는데 재취업 시장에서는 인정을 하지 않는다.
그런데 재취업하겠다는 퇴직자들이 이런 현실적인 한계를
모른다는 것이 안타까울 뿐이다.

필자

재취업의 현실

재취업, 현실적으로 어렵다. 쉽지 않다. 왜냐하면 장기 근속자나 관리자는 어떤 기업이든 항상 구조조정, 정리해고의 1순위 대상이다. 그리고 구조조정 후에는 직급이 낮고, 낮은 임금의 사람으로 대체되기 일쑤이다. 그리고 인원 충원도 하지 않는다. 인건비를 줄이겠다고 구조조정을 하는데 외부에서 채용해서 관리자의 자리를 채

우지는 않는다. 당연히 재취업은 어려울 수밖에 없다.

재취업에 성공한다 하더라도 자신이 근무하던 회사와 비슷한 규모의 대기업이나 그에 못지 않은 중견기업에 재취업은 하늘의 별따기만큼 어렵다. 그리고 기존의 연봉이나 복지혜택을 누릴 확률은 거의 없다. 그리고 재취업도 어렵지만 재취업에 성공한다 해도 대다수가 비정규직, 최저임금의 일자리이다. 당연히 급여는 대폭 삭감되게 마련이다. 전 직장에서 받던 급여나 복지가 50~60%의 수준이다.

중견기업에서 근무했던 52세의 김 팀장은 입사 이래 기획, 인사, 노무, 총무 등 주요 관리업무를 섭렵한 사람이다. 코로나의 영향으로 경영이 악화되고 구조조정을 하게 되었다. 그래서 650명 정도의 인원에서 200명 정도를 정리해고 하는 구조조정을 단행했다. 김 팀장은 인사팀장으로서 구조조정을 추진하면서 자신도 함께 사표를 냈다. 김 팀장은 문서작성, 프레젠테이션, 동영상 편집 등 관리역량이 뛰어났기 때문에 재취업 걱정은 신경도 쓰지 않았다.

퇴사 후 실업급여를 받는 동안 휴식기간으로 생각하고 친구도 만나고 여행도 다니고 여러 가지를 구상했다. 그리고 재취업에 도전하기 위해 이력서를 여러 곳에 제출했는데 소식이 없었다. 1년 동안 약 100개 기업에 이력서를 제출했는데 재취업은 차치하고 딱 한군데 면접을 볼 수 있었다. 그러는 사이 2년의 세월이 흐르면서 200군데의 기업에 이력서를 냈는데 면접만 3번 보고 재취업을 못했다.

지금은 일용직과 임시직으로 일을 하고 있는데 재취업은 쉽지 않을 것이라고 한다. 필자가 김 팀장과 소주 한잔을 하면서 김 팀장의 한탄을 듣게 되었다. 현실을 직시하지 못하고 과도한 자신감에 무모하게 사표를 낸 것을 후회하고 있었다. 앞으로 살아갈 기나긴 세월을 어떻게 헤쳐나가야 할지 앞이 안 보인다고 한다. 그저 안타까울 뿐이다.

지방소재에 200명 정도 되는 기업도 코로나의 불똥을 피해갈 수가 없었다. 운전직으로 근무한 53세의 김경호 주임은 50명 정도의 구조조정에 명퇴를 할 수밖에 없었다. 평소에 정리해고를 대비해서 운전과 관련해서 18개 정도의 자격증을 취득했다. 지게차, 포클레인, 탱크로리, 대형트럭, 대형버스, 특장차 등의 면허를 취득했다. 자격증과 관련해서 많은 회사에 이력서를 제출하고 재취업을 기대했지만 몇 번의 면접 기회만 있었다.

다행히 회사에서 운전직으로 같이 근무했던 선배가 버스회사에 근무하고 있어서, 그 선배의 도움으로 버스운전 기사로 재취업할 수가 있었다. 김경호 주임은 자신의 업무와 관련해서 자격증을 취득해서 재취업에 성공할 수가 있었다. 그런데 많은 직장인이 퇴직준비를 한다고 무조건 자격증을 취득하는 경향이 있다. 그러나 시간과 비용만 지출할 뿐 재취업에 도움이 되지 않는 노력을 할 뿐이다. 자격증을 취득하려면 재취업하고자 하는 분야와 연결해서 취득해야 한다.

그래야 재취업에 도움이 될 수 있다.

재취업에 성공해도 6개월을 버티지 못하는 이유는 자신의 한계를 모르기 때문이다. 그리고 주된 직장에서 관리자로서 절정의 역량을 과시할 때인 50 전후의 나이이다. 갖고 있는 경력과 스펙을 본인은 대단하다고 생각하는데 재취업 시장에서는 인정을 하지 않는다. 그리고 50이 넘으면 쓰레기 취급을 한다. 그런데 재취업하겠다는 퇴직자들이 이런 현실적인 한계를 모른다는 것이 안타까울 뿐이다,

기업이 원하는 실력이 없다

재취업에 성공해도 6개월을 버티지 못하는 이유는 업무역량이 모자라기 때문이다. 대기업 출신의 임원이나 관리자에게 능력이 모자란다고 하면 인정할 수가 없을 것이다. 절대로 인정할 수가 없다. 물론 시스템이 어느 정도 갖춰져 있는 중견기업에 가면 대접받을 수도 있다.

대기업에서 근무하면 근무환경이 좋고 한 분야, 한 업무에서 성장하게 된다. 그렇게 부품, 소모품으로 성장하게 된다. 오죽하면 과거에 한보그룹의 정 회장은 직원들을 머슴이라고 불렀다. 대기업의 근무환경은 시스템이 갖춰져 있다. 제도, 규정, 문화, 문서, 양식 등 모든 것이 매뉴얼화 되어 있다. 인적 자원도 고급 인력이다, 상대적

퇴직자들이 울고 있다

으로 학벌도 괜찮은 인재들로 구성되어 있다. 그리고 인력도 상대적으로 중소기업보다 여유가 있다. 교육, OJT육성체계, 육성시스템 CDP이 잘 되어 있다.

그런 반면에 어렵게 재취업에 성공한 중소기업의 근무환경은 모든 시스템이 취약하다. 제도, 규정, 문화, 양식 등 모든 것이 갖춰져 있지 않은 경우가 많다. 특히 업무 매뉴얼이 없는 경우가 대부분이다. 필자는 여러 중소기업에 경영 컨설팅을 수행했던 경험이 있다. 인사제도, 인사규정, 인사평가, 직무기술서, 직무명세서, 기업문화에 대한 컨설팅을 수행했다. 인사평가와 인사규정을 연결해서 인사제도를 만들어주었다. 그런데도 활용을 하지 않는다.

어떤 회장은 내 머릿속에 누가 일하고 안 하는지를 다 안다. 누가 성과를 내고 조직에 충성을 하는지를 다 안다고 한다. 거기에 맞춰서 평가하고 승진시키고 보상하면 된다. 당연히 맞는 말이다.

그런데 현실은 기존 사원들의 이직률이 30%에 육박하고 있다. 그리고 퇴사한 사람들을 대체할 인력수급이 어렵다. 당연히 일할 사람이 없다. 인재가 없고 업무역량이 떨어질 수밖에 없다. 직무역량 강화를 위한 교육이 없다. 어쩌다 우수한 인재가 입사해도 회사에 비전이 없기 때문에 이직을 하게 된다. 특히 업무역량을 키울 수 없기 때문에 회사를 떠나게 된다.

그래서 중소기업에 재취업한 사람이 스스로 모든 것을 해야 한다. 제도, 규정, 양식, 부서간 협조 등의 시스템을 새롭게 만들고 업무를 추진해야 한다. 그런데 전 직장(대기업)에서 시스템이 갖춰져 있는 근무환경에서 작은 부문의 업무를 수행했다. 당연히 부품, 소모품이었기 때문에 업무가 감당이 안 돼서 스스로 퇴직하게 된다. 이런 결과는 전 직장에서 봉급쟁이로서의 즐거움만 만끽하면서 마의 15년(35~50세)을 즐기기만 했기 때문이다. 어떤 사람은 어렵게 재취업했기 때문에 야근, 특근을 밥먹듯이 하면서 버텨보지만 성과가 나질 않는다. 그리고 체력이 안 따라 주고 건강에 적신호가 온다. 이러다 죽지 싶어 결국은 퇴사를 하게 된다.

R기업에서 관리자 교육을 하면서 만난 박 부장은 예의 바르고 붙임성 있는 성격에 필자와 백두대간을 함께하면서 형님, 동생 하는 사이가 되었다. 박 부장은 대기업에서 전산실장으로 근무하다 정리해고를 당한 사람이다. 자기 사업한다고 프로그램 설계를 하는 작은 회사를 운영하다 실패를 하고 R기업에 재취업을 했다. 그런데 R기업의 회장이 늦게 출근하고 늦게 퇴근하기 때문에 10시 전에는 퇴근할 수가 없는 기업문화였다. 한마디로 출근은 있는데 퇴근은 없는 그런 문화였다.

특히 담당임원은 감시, 감독, 견제, 잔소리 등 온갖 갑질과 음해를 일삼으며 내쫓으려고 했다. 그래도 어렵게 취업을 했기 때문에 버티려고 노력했다. 속으로는 피눈물을 삼키며 처자식을 생각하면서 2년의 세월을 버텼다. 담당임원의 갑질과 대표이사의 무리한 업무혁신, 개선 요구 등 온갖 것을 인내하고 근무를 했다. 필자하고 여러 번 상담을 했는데 필자는 그런 속도 모르고 버텨야 한다, 어렵게 재취업했는데 한쪽 귀로 듣고 한쪽 귀로 흘려라 등의 위로 밖에는 할 수가 없었다.

그런데 어느 날 문득 몸에서 암세포가 꿈틀대고 있다는 느낌이 들더란다. 그러면서 몸도 야위어 가고 몸무게도 빠지고 이러다 죽겠구나 싶더란다.

어쩔 수 없어서 집사람에게 지난 3년 남짓 버티면서 감내했던 전후 사정을 자세하게 이야기 했다고 한다. 모든 이야기를 듣고 와이프가 울면서 "여보 그만 둬 내가 먹여 살릴게" 하더란다. 물론 중간중간 힘들다, 괴롭다, 못 살겠다고 푸념 하소연을 했는데 그때마다 와이프에게 핀잔만 들었다. 이래서는 안 되겠다 싶어 씩씩하게 사표를 냈다.

그리고 지인의 소개로 울산에 내려가서 막노동 노가다를 하는데 그렇게 마음이 편하더란다. 필자가 울산에서 강의를 하게 되었는데 강의를 마치고 저녁을 함께했다. 저간의 사정을 물어보니 울산 석유화학단지에 탱크로리 청소, 설비시설 청소 등을 하면서 지냈다고 한다. 아침 6시에 출근해서 4시에 퇴근하면 할 일이 없어서 동료들과 매일 소주를 마시고 있다. 숙소는 방어진에 있는 여관에서 달방으로 기거하고 있다. 후배와 소주 한잔 기울이고 올라오는데 가슴이 먹먹하고 답답해서 숨이 막힐 지경이었다. 왜 이런 일들이 벌어지고 있는가? 평생 직업을 만들지 못했기 때문이다.

기업이 원하는 성과를 내지 못한다

재취업한 중소기업의 대표는 빠른 시일 내에 성과를 내라고 재촉한다. 회사대표는 여유 있게 기다려주지 않는다. 그런데 시스템이 갖춰져 있는 전 직장에서 부품, 소모품이었기 때문에 빠른 시간 내에 성과를 낼 수가 없다. 야근 특근을 해도 성과가 안 난다. 왜, 실력이 없기 때문이다. 중소기업에서 요구하는 멀티플레이어의 역량이 없기 때문이다. H기업의 연수원장은 오십 초반에 명퇴를 하게 되었다. 회사의 배려로 협력사에서 면접을 보게 되었는데, 면접을 보고 나서 스스로 재취업을 포기했다.

왜냐하면 연수원장 출신은 기업연수 업무만 알고 있었다. 고도 성장이 가능했던 기업환경에서는 타그룹에서 스카우트 제의를 받을 정도로 기업교육에는 대단한 역량을 갖고 있었다. 그러나 협력사에서 요구하는 역량은 인사, 노무, 총무, 기획, 영업까지를 요구했다. 자신으로서는 도저히 감당할 수 없는 요구와 기대치였다. 결국 연수원장이었던 친구는 재취업을 포기하고 2년간 도서관에 다니면서, 상담사 자격증을 준비했다. 그리고 자격증을 취득하고 나서 구청에서 운영하는 재취업센터에 상담사로 재취업할 수 있었다. 기업연수 업무를 수행하면서 개발되었던 코칭스킬 역량을 기반으로 상담역량을 개발해서 재취업을 한 것이다.

그리고 중소기업에서 대기업이나 중견기업 출신을 고급관리자(임원. 팀장)로 채용하는 이유는 오직 하나 원청(근무하던 회사)에 영업을 시키려는 것이다. 그런데 수주(영업)을 못한다. 왜냐하면 한 직무를 수행했기 때문에 상대적으로 사내 네트워크가 약하기 때문이다. 특히 직장인으로서 갑의 위치를 즐기기만 한 경우에는 인간관계가 좋을 수가 없고 사내평판이 좋을 수가 없다. 이런 상태에서 근무하던 회사에 가서 영업을 한다는 것은 현실적으로 어렵다고 할 수 있다.

그래서 어렵게 재취업에 성공하더라도 몇 개월을 버티지 못하고 퇴사를 하게 된다. 어렵게 재취업을 한 경우에는 버티려고 모진 수모를 감내하고 업무과중을 감내해도 결국 몸이 따라주질 못하기 때문에 퇴사를 할 수밖에 없다.

절대 창업하지 마라

그래도 망한다. 어찌하건 망한다. 왜 망하는가?
모르니까 망하는 것이다. 스펙으로 창업을 하니까 망하는 것이다.
프랜차이즈를 이기지 못할 것 같으면 창업하면 안 된다.

백종원

회사 밖은 지옥

SBS 생활의 달인이라는 프로는 전국의 숨은 노포(중국집, 찐빵, 만두, 떡볶이, 칼국수 등)를 찾아서 소개를 한다. 고수의 셰프가 노포에서 맛을 보고는 감탄사를 연발한다. 간판도 없고 가게도 허름하고 외진 골목에서 장사를 한다. 그런데도 손님들로 초만원이다. 이런 가게들은 달인의 인생이, 철학이 녹아든 음식을 만들어낸다. 필자는 이런 노포와 경쟁해서 이겨야 먹는장사, 즉 요식업에서 성공할 수 있다고 생각한다.

그런데 요식업을 창업하는 사람들이 프랜차이즈 창업을 선호하고 의존한다. 프랜차이즈 창업을 하는 이유는 누구나 창업하기 쉽기 때문이다. 그래서 자영업의 천국이다. 프랜차이즈는 본사에서 다해준다. 브랜드, 광고, 홍보, 레시피, 식자재 공급, 교육도 시켜준다. 그런데 맛으로 승부해야 하는 먹는장사인데 노포들과 경쟁이 될 수가 없다. 말 그대로 개업발 3개월이 지나면 손님이 급격하게 줄어든다. 재고는 늘고 매출은 줄고 지출항목은 그대로인 악순환의 연속이다. 가게 임대 계약기간, 프랜차이즈 본사 계약기간 때문에 울며 겨자 먹기 식으로 버티다가 망하게 된다. 창업실패는 많은 빚더미를 안게 되고 가정경제가 흔들리게 된다. 그에 따라 가정불화가 오게 되고 실버파산으로 연결되는 대재앙을 맞게 된다.

지하철역에서 노숙하는 노숙자가 많다. 서울역, 청량리, 영등포, 종로 3가역 등에서 노숙을 한다. 그런 노숙자의 갱생을 돕기 위해 임영인 신부는 성프란시스대학을 개설하고 인문학 교육을 가르쳤다. 그 시절 노숙자의 90%는 결손가정 출신이고 초등학교 졸업장이 전부인 사람들이 대다수였다. 그런데 지금의 노숙자 50%는 사업에 실패하고 가정불화, 가정파괴에 의해 나홀로족이 되어 노숙을 하는 사람들이다.

그래서 강제퇴직을 앞두고 자영업 창업에 도전하기보다 회사 울타리를 벗어나지 않으려는 50대 직장인들이 늘고 있다. 10여 년 전만 해도 승진에서 밀린 선배들이 편의점이나 치킨집을 차리거나 납품사를 꾸리는 식으로 제2의 인생을 찾아나갔다. 그런데 요즘은 어떤 굴욕을 감수하면서라도 정년까지 버티려는 직장인이 늘고 있다. 50대가 돼도 임원이나 팀장으로 승진하지 못한 만년 차장급을 엘더elder, 연장자라고 부른다. 엘더는 임원이나 팀장을 뜻하는 리더에 빗댄 용어이다.

현재 60대가 된 1차 베이비부머(1955~1963년생)가 50대 시절 만년 차장·부장 생활을 접고 편의점 등 자영업을 차린 것과 달리, 지금 50대인 2차 베이비부머(1964~1974년생)들은 회사 밖에서 지옥을 맛본 선배들의 학습 효과를 교훈 삼아 후배 상급자 밑에서 직장 생활을 이어가는 것이다. 왜냐하면 회사 밖은 지옥이라는 것을 알기 때문이다. 그래서 후배 리더 아래서 버티는 엘더가 많아지고 있다.

나는 너희들과 다르다

필자가 창업교육을 받았을 때 강사가 하던 말이 기억난다. 자기한테 교육받고 창업했다가 열에 아홉은 망하고 3년 내 자기한테 다시 교육을 받으러 온다고 한다. 강사는 교생들에게 눈높이를 낮춰서 조금 적더라도 월급 받는 직장을 구하라고 강조한다. 그런데 교육생들은 실패를 하고 다시 와서 강의를 들을 때 그때 왜 그 이야기를 안 했냐고 따지는 사람도 있다고 한다.

분명 이야기를 했는데 귀담아 듣지 않았다. 아니 귀담아 들을 수가 없었던 것이다. 왜냐하면 당장 먹고 살 생계비 때문에 마음의 여유가 없기 때문이다. 이 사례에서 주는 교훈은 많은 사람이 나름 철저하게 창업 준비를 하는데도 실패를 한다는 것이다. 그만큼 창업해서 성공한다는 것이 바늘구멍 뚫기보다 어렵다는 것을 명심해야 한다.

필자가 알고 있는 성 부장도 나름 철저하게 준비를 하고 창업을 했다. 회사에서 수시로 구조조정이 이루어지기 때문에 다른 회사로 전직을 하기 위한 노력을 해봤지만 나이 때문에 거의 불가능했다. 그래서 창업을 결심했다.

퇴직 1년 전쯤부터 창업교육도 받고, 상권 분석한다고 여기저기 다녀보기도 하고, 어떤 아이템을 선정할까 고민도 했다. 프랜차이즈 업체가 교육을 하면 교육도 받고 나름 철저하게, 아니 처절하게 준비했다. 그래서 내린 결론은 그래도 먹는장사가 최고라고 생각했다.

그리고 프랜차이즈 업체와 손잡고 가게를 오픈하면 죽 쒀서 개주는 것 밖에 안 될 것 같아서 독자적으로 가게를 열기로 했다. 그리고 나름 차별화 전략이라고 닭발집을 하기로 마음을 먹고, 틈만 나면 시간을 내서 인터넷에서 정보도 수집했다. 그리고 전국의 내로라하는 닭발집에 가서 맛도 보고, 비법도 가르쳐달라고 떼도 쓰고 해서 아이템 준비도 마쳤다.

그리고 주머니가 가벼운 학생들을 타깃으로 선정을 하고 상권 분석을 했다. 학생들이 많이 몰리는 대학가에 가게를 알아보니 보증금과 권리금이 감당하기가 어려웠다. 그래서 상권분석에 역행을 하지만 가지고 있는 돈에 맞춰서 가게를 오픈하려고 하니 아무래도 인적이 뜸한 곳을 선택할 수밖에 없었다. 그래서 외진 곳의 가게를 활성화하기 위해 철저하게 가게 홍보 전략도 수립했다.

처음엔 개업 기념으로 라이터도 돌리고 계란말이 서비스도 내놓고 했더니 꽤 장사가 됐고, 테이블에 손님이 꽉 찰 때는 이러다 금방 부자 되겠다고 쾌재도 불렀다. 왜 진작 회사를 그만두고 창업을 안 했는지 후회가 되었다. 최고의 재료를 구입하기 위해 새벽마다 최고의 닭발을 사기 위해 쫓아다니고, 식자재도 직접 구입을 했다. 아버지를 돕겠다고 등록금 부담 줄인다며 군대 간 큰 자식하고, 새벽마다 돕는다며 따라다니는 둘째 자식 생각해서라도 죽기 살기로 했다. 여기서 무너지면 모든 게 끝이라고 수없이 되뇌었다.

그런데 개업발이 3개월은 간다고 하는데, 성 부장의 가게는 3개월도 못 버텼다. 거짓말처럼 보름 만에 손님이 뚝 끊기고, 주말 말고는 손님 구경하기가 힘들었다. 그것도 학생들보다는 직장인들이 대부분이었다. 매출이 없는 건 어떻게 배겨 낼 수 있는 재간이 없었다. 매달 월세, 월급은 꼬박꼬박 나가야 하고. 월세, 월급 주는 날이 되면 어딘가에 가서 꼭꼭 숨고 싶었다. 정말 어떻게 해야 하는지 아무나 붙잡고 물어보고 싶었지만 주변에 마땅한 데가 없더란다. 결국 고민 끝에 문을 닫을 수밖에 없었다. 결과는 투자금 전부를 고스란히 날렸다.

지금도 자기가 왜 망했는지 정확한 이유를 모르겠다고 한다. 폐업을 하고 나서 이 골목 저 골목에 연일 새 가게가 문을 열고 또 닫고 하는 게 보이더란다. 물론 자기가 운영했던 가게도 어떤 사람이 들어와서 장사를 하더란다. 그때 느꼈다고 한다. 오갈 때 없는 퇴직자들이 넘쳐나고 있고, 누구나 할 것 없이 다들 먹는장사로 몰리는구나 싶더란다. 레드오션 시장에 뛰어들면서 말이다. 그들도 나처럼 난 니들과 다를 거야, 나는 블루오션이라고 하면서 뛰어들었겠지만, 결론은 비슷할 것 같다는 생각이 들었다고 한다.

> 그래도 망한다. 어쩌하건 망한다. 왜 망하는가? 모르니까 망하는 것이다. 스펙으로 창업을 하니까 망하는 것이다. 프랜차이즈를 이기지 못할 것 같으면 창업하면 안 된다.
>
> _ 백종원

자영업도 경영이다. 그런데 경영능력이 없다. 자금 관리를 못한다. 원가분석도 못한다. 종업원 관리를 못한다. 프랜차이즈는 시장변화에 둔감하다. 그래서 프랜차이즈 본사가 가게 인테리어를 수시로 변경을 한다. 중요한 것은 프랜차이즈 가맹점포는 영세업이 아니다. 적지 않은 투자비가 들어가야 한다. 가게는 망해도 프랜차이즈 본사는 망하지 않는다. 그런데 대다수 자영업 창업자가 창업을 너무 쉽게 생각하는 경향이 있다. 철저한 공부, 철저한 사전준비를 해도 망한다. 하물며 어설픈 착각 속에 시작하면 그 끝은 반드시, 결단코 슬픈 드라마가 될 것이다. 창업실패는 빚더미를 안게 되고 빚더미는 가정불화, 가정파괴로 연결된다. 그리고 실버파산으로 연결되는 대재앙을 잉태하게 된다.

집사람의 동네 친구는 가만히 있지를 않고 무엇인가를 하는 사람이다. 동네호프집, 함바집, 반찬가게, 식당 등의 가게를 운영했다. 여러 번 망하기도 하고 칼국수집, 고깃집, 카페 주방장에서 종업원으로 일하기도 했다. 그러다가 프랜차이즈 칼국수 본사에서 주방장으로 일을 했다. 그런던 중 가맹점 주인이 적자에 허덕이다 가게를 헐값에 내 놓은 가게가 있었다.

덕분에 가게를 아주 저렴하게 인수하게 되었다. 본사의 레시피에 자신의 경험과 노하우에 덧붙여서 자신만의 레시피를 개발해서 칼국수를 만들었다. 물론 원가가 많이 들어갔지만 단골도 많이 늘고 성업 중이다. 요식업에서 오랜 세월 경험한 노하우가 성공으로 이끈 비결이 되었다.

실패할 수밖에 없는 이유

자영업자가 창업에 실패할 수밖에 없는 이유는 여러 가지가 있다. 경영능력 부족, 자금문제, 시장변화와 경쟁, 부적절한 사업모델, 부족한 마케팅과 고객유치, 개인적인 이유와 우여곡절, 관리와 운영의 역량 부족, 법적 문제와 규제, 경기변동성과 위기대응, 자기관리의 어려움 등 실패의 원인에는 여러 가지가 있다.

필자가 친하게 알고 지내는 후배는 회사경영이 어려워져서 6개월 동안 급여의 50%를 받는 유급휴가를 경험했다. 그리고 복직을 해서도 급여의 70%만 받을 수밖에 없었다. 자녀 교육비, 아파트 대출 원금과 이자의 상환 등 생활비가 감당이 어려웠다. 그래서 퓨전 피자집에서 아르바이트를 하게 되었다. 아르바이트 경험을 통해 퇴직 후 자영업(요식업종)이 성공하기 힘든 이유를 알게 되었다.

첫째, 사전지식 부족

직장생활만 하던 직장인은 자영업이 돌아가는 시스템을 잘 모르고 경험도 없다. 그런 상태에서 갑자기 자영업을 하게 되면 아무래도 모든 것을 알아서 지원해주는 프랜차이즈 업종을 선호하게 될 수밖에 없다.

물론 프랜차이즈 창업은 모든 시스템이 잘 되어 있어 초기에 안착하기에 유리하다는 장점이 있다. 그러나 결국은 많은 비용(가맹비,

인테리어비, 광고비, 재료비의 지속적인 상승)이 계속 들어감으로 인해 초기 반짝 수익을 얻을 수는 있겠지만, 장기적으로는 고전할 가능성이 많을 수밖에 없다.

그러므로 자영업 특히, 요식업을 할 계획을 가지고 있다면 적어도 같은 업종에서 6개월 이상 아르바이트 등을 해보아야 한다. 실제 업장을 많이 다니면서 자영업 시스템의 프로세스를 경험하거나 문제점을 파악할 줄 알아야 한다.

두 번째, 조리시스템 및 재료에 대한 이해도 부족

창업자들 대부분이 직접 조리하지 않고 직원을 써서 음식을 만들게 된다. 그런데 전반적인 레시피에 대해 알지 못하면 재료수급 등 일체를 맡기게 되고, 돌발상황에 대처가 불가하여 주방에 휘둘릴 수밖에 없게 된다.

적어도 대강의 레시피는 숙지하고 재료의 수급도 본인이 직접 관여하는 것이 로스 방지 및 재료의 퀄리티도 유지할 수 있다.

세 번째, 인력관리의 어려움

특히 요즘은 인력 구하기가 쉽지 않다. 걸핏하면 일을 그만두는 탓에 모든 자영업자들이 힘들 수밖에 없다. 사장이라고 카운터만 보면서 인원만 부린다고 생각하면, 가게는 제대로 돌아갈 수가 없다. 직원들과 함께 일하며 어려움과 요구사항을 체크하고 해소해줘야

퇴직자들이 울고 있다

오래 남아서 일을 하게 된다.

네 번째, 임대료에 대한 부담

자영업 창업은 대부분 임대해서 월세를 내는 방식으로 시작하게 된다. 장사가 잘되는 목이 좋은 곳은 임대료가 상당히 비쌀 수밖에 없다. 힘들게 장사해서 건물주의 배만 불리고 이것저것 나가는 비용 빼면 수익성이 악화될 가능성이 크게 된다. 작더라도 자기 가게를 하는 방향을 고민해봐야 한다. 대출해서 나가는 원금과 이자가 임대료와 큰 차이가 없다면 작더라도 자기의 가게를 하는 것이 장기적으로 유리하다. 임차를 하지 않고 자신의 가게를 만들기 위해서는 정책자금과 대출에 대한 공부를 철저하게 공부를 해야 한다. 그리고 정책자금 관련해서는 전문가들의 자문을 구할 필요가 있다고 후배는 강조한다.

세상에서 제일 잘하는 것

창업을 할 때, 의지와 철학 없이 남의 말만 듣고, 그리고 그 말만 철석같이 믿고 창업을 한 사람들은 100% 망할 수밖에 없다. 남의 말에 현혹되어서 아이템을 선정하고 창업을 하는 것은 허영심과 허세로 창업을 하는 것이 된다. 그리고 사업이 잘 안되면 본인 스스로 견디기가 힘들고 난관을 극복하기도 어렵게 된다. 물론 재미도 없는 것은 당연한 일이다.

필자가 강의 중에 직장인인 교육생들한테 가끔 질문을 한다. 지금 당신이 세상에서 가장 잘하는 것이 무엇인가라고 물어 보면 명쾌하게 답을 하는 사람이 없다. 직장인들이 세상에서 가장 잘하는 것은 원하든 원하지 않든 간에 자신이 경험했던 회사의 직무라고 할 수 있다.

오랜 시간 직장에서 축적된 경험과 노하우, 그리고 창업과 관련된 네트워크가 바탕이 되면 비교적 적은 자본으로 창업이 가능하다. 실패하더라도 원금손실에 대한 부담이 상대적으로 적다고 할 수 있다. 그리고 창업을 성공시키는 많은 요인들 중 가장 기본이 되는 창업자의 자질은 나머지 성공요인들을 제쳐두고라도 창업에 뛰어드는 모든 사람이 고민해보야 할 사항이다.

창업의 성공요인은 무엇인가? 창업의 성공은 자신이 가장 잘 할 수 있고, 자신에게 가장 적합한 업종이면서 철저한 준비가 성공요인이라고 할 수 있다. 창업은 일반적으로 직장에서의 경험과 노하우를 토대로 창업을 하면 상대적으로 성공할 확률이 굉장히 높다.

세상에서 자신이 가장 잘하는 것 그리고 하고 싶어 안달이 나게 좋아하는 것, 정말 미치도록 해보고 싶었던 일을 창업 아이템으로 선정한다면 무조건 성공한다고 할 수 있다. 왜냐하면 미친 듯이 일을 할 것이기 때문이다. 밤새워 일을 해도 피곤하지 않다. 왜냐하면 좋아 하는 일을 하기 때문이다. 항상 새로운 아이디어를 구상하고, 난관이 닥쳐도 슬기롭게 극복할 수 있는 사업가적 기질도 갖게 된다.

창업을 할 때 꼭 생각하라,

내가 세상에서 제일 잘하는 것이 무엇인가를 자문하라!

숨만 쉬어도 돈 피가 마른다

돈을 버는 데는 직업의 귀천이 없다.
또 돈은 정해진 주인이 없어서 열심히 노력하고 능력을 발휘하면
돈이 몰려들지만 이런저런 이유로 직업을 가리고
최선을 다하지 못하는 사람은 결국 돈에서 멀어질 수밖에 없다.

화식열전

노후에 돈이 없으면 죽은 목숨

우리는 죽도록 일만 하는데 죽을 때까지 먹고사는 걱정을 할까?

초고령화 사회, 오래 살아야 하는데 돈도 없고 일도 없다. 자칫하면 장수가 축복이 아닌 저주가 될 수 있다. 나이 들어 빈곤, 질병, 무위, 고독이 감내하기 힘든 고통이라고 한다. 그 중에 노후에 돈이 없으면 죽은 목숨이다.

대다수의 사람들은 근면 절약하면서 성실하게 산다. 그런데

70~80대의 약 70~80%가 노후에 먹고 사는 걱정을 한다. 생계, 생활비를 벌어야 한다. 필자는 등산과 헬스를 하면서 건강관리를 한다. 주말에는 산악회 회원들과 함께 백두대간, 정맥, 기맥 등산을 했다. 백두대간을 세 번이나 종주했으니 남들에게 자랑할 만하다. 주말 산행을 하려면 새벽부터 부산을 떨어야 한다. 토요일에 연신내에서 첫 전철을 타야 한다. 토요일 첫 전철이 제법 붐빈다.

붐비는 이유는 70~80대 남녀 어르신들이 일을 하러 가시기 때문이다. 그 일이란 허드렛일, 잡일, 청소, 경비 등과 같은 임시직, 일용직이 대부분이다. 결국 모자라는 생활비를 벌기 위해 이른 새벽에 일하러 가는 것이다. 왜 우리는 근면 절약하면서 성실하게 열심히 사는데 노후에 먹고 사는 걱정을 할까? 노후준비를 못하는 이유가 무엇일까? 노후준비를 못하는 이유는 소득부족, 물가상승, 예기치 못한 사고, 자녀교육, 결혼, 재무정보, 지식 부족 등 때문이다.(KB금융연구소. 전국 주요도시거주 20~70세 300명 설문). 결국 소득부족 즉 돈을 벌지 못하기 때문이다.

나이 들어 먹고 사는 걱정을 하는 두 가지 이유

노후 걱정을 안 하려면 돈이 있어야 한다. 나이 들어 돈 없으면 죽은 목숨이다. 노후에 먹고 사는 걱정을 하게 되는 두 가지 이유가 있다.

첫째, 돈 벌 시간이 없다.

우리는 오래된 패러다임에 매몰되어 있다. 가장 대표적인 올드 패러다임. 자녀교육, 스펙(스펙 7종, 8종 세트) 만들어주기가 가장 대표적인 올드 패러다임이라고 할 수 있다. 상아탑, 우골탑이라는 말이 있듯이 아주 오래된 패러다임이다. 자녀교육에 온 집안이 올인한다. 자식이 잘되면 집안이 잘되고 노후가 편안해진다는 착각 속에 오랜 세월 살아왔다. 몇 년 전에 강남유치원생 오모 군의 하루가 화제가 된 적이 있었다. 아침 8시부터 밤 10시까지 힘센 장정도 소화하기 힘든 살인적 스케줄을 어린애가 감당해야 한다. 강남 초등학교 A양의 하루 일정은 상상을 초월한다. 오전 7시부터 새벽 2시까지 일정을 소화해야 한다. 하루 잠자는 시간이 5시간밖에 되지 않는다. 교육비는 상상을 초월할 정도로 많이 든다. 상위 1%의 사람들만이 투자할 수 있는 금액이라고 한다.

우리나라 대학은 서울대, 서울대 약대, 서울대 상대라는 세 종류의 대학이 있다. 서울대는 서울에 있는(가칭 인서울) 대학을 말한다. 서울대 약대는 서울에서 약간 떨어진 대학, 서울대 상대는 서울에서 상당히 떨어진 대학을 말한다. 서울에 있는 대학이 좋은 대학이 돼 버린 세상이다.

서울에 있는 대학에 가려면 3가지 조건이 충족되어야 한다. 첫 번째는 할아버지의 재력, 두 번째는 엄마의 정보력, 세 번째는 아이의 체력이 있어야 한다. 하나 더하면 아빠의 무관심이라고 한다. 이것이 이 시대의 현실이다.

스펙에 투자를 하는 이유가 무엇인가?

좋은 학교(대학)를 나오면, 좋은 직장(회사)에 입사하기가 쉽고, 행복한 인생 그리고 성공한 인생이 될 수 있다는 기대에 스펙 7종, 8종 세트에 투자를 하게 된다. 이런 패러다임은 개천에서 용龍나던 시대에 가능한 사고이다. 지금은 개천이 없어진 시대이다. 흙수저가 금수저가 되기 어려운 그런 시대이다. 부자는 더욱 부자가 되고, 가난한 사람은 더욱 가난해지는 시대이다.

우리나라는 치킨공화국이라는 오명이 있다. 약 4만 개의 치킨 집이 그것을 증명한다. 그리고 치킨트리가 회자된 적이 있다. 초중고를 거쳐 대학에서 문과, 이과를 다니고 졸업을 하면 결국은 치킨집에서 만나게 된다는 것이다. 치킨집에서의 역할이 있는데 7~9등급은 배달하고, 4~6등급은 튀기고, 1~3등급은 치킨을 시켜서 먹는다. 모든 것이 기승전 치킨집으로 귀결되는 치킨공화국이다.

초중고 12년, 대학 4년, 군대, 어학연수, 봉사활동 등의 스펙을 쌓는데 20년이 걸린다. 어찌 보면 인생에서 가장 행복한 시기가 잃어버린 20년이 되어버린다. 이렇게 시간과 돈을 투자해서 만든 스펙, 졸업장이 휴지보다 못한 졸업장이 된다. 그리고 스펙 투자비를 회수 못하는 것이 현실이다.

우골탑. 잃어버린 20년을 투자해서 어렵게 입사한 직장에서 스펙 투자비를 회수하려면 정년까지 근무를 해야 한다. 그래야 스펙 투자비를 회수할 수 있다. 그러나 주된 직장(입사해서 장기간 근무하는 직장)에서 평균 14,5년 근무를 한다. 정년까지 근무하는 사람은 9,7%밖에 되지 않는다. 그것도 관리직, 사무직은 정년까지 가는 사람이 거의 없다. 좋은 회사의 생산직이나 가능하다.

일반적으로 40대 중반에서 50대 초반에 퇴사를 하게 되는 것이 현실이다. 직장인에게 국민연금은 노후에 중요한 수입원이다. 그런데 국민연금 수급자 절반이 40만 원을 못 받는다. 평균 60만 원을 수령한다고 한다. 국민연금이 아닌 국민용돈이라는 자조적인 목소리가 나오는 이유이다. 그리고 국민연금 가입기간이 19.2년이다. 가입기간이 짧은 이유는 고용불안 때문이다.

스펙 만들기에 몰입하다 보면 직장(회사)에 평균 30세에 입사를 한다. 그리고 입사한 회사(주된 직장)에서 14,5년 근무하고 45세 전후에 퇴사를 한다. 45~50세 전후에 퇴사한 사람들이 재취업을 한다는 것은 하늘의 별따기만큼 어렵다. 재취업에 성공해도 주된 직장에서 받던 급여, 복지의 50~60%밖에 되지 않는다. 재취업에 성공한다 해도 텃새, 문화의 차이, 제도 등의 여러 가지 이유로 인해 6개월을 버티기가 어렵다.

그리고 주된 직장에서 퇴사를 하게 되면 수입절벽을 맞게 된다.

퇴직자들이 울고 있다

그리고 수입절벽은 저축절벽으로 이어지게 된다. 45~50세는 생계비, 생활비가 가장 많이 들어가는 시기이다. 지출항목은 계속해서 늘어나는데 소득, 수입은 절벽이 된다. 그런 상태에서 국민연금을 유지한다는 것은 쉽지가 않다. 그리고 국민연금 가입기간이 짧은 이유는 고용불안으로 생계의 위협을 받기 때문이라고 할 수 있다. 결국 돈 벌 시간이 없는 이유는 스펙에 투자하느라 20년 이상을 잃어버린 세월을 만들게 되고, 주된 직장에서 15년 정도의 짧은 근속기간 때문이다. 그로인해 돈 벌 시간이 짧기 때문에 노후에 먹고 사는 걱정을 하게 되는 것이다.

두 번째, 버는 돈이 너무 적다.

직장인 55%가 300만 원 미만의 월급을 받고 있다(2023.11 경향신문). 세후 250만 원 정도가 가처분 소득이 된다. 그리고 대학을 졸업한 청년 구직자들이 1년 가까이 백수로 지낸다. 구직을 위해 재수, 삼수를 한다. 그렇게 어렵게 입사한 직장의 첫 월급이 200만 원 미만 60%, 200~300미만 35%, 300만 원 이상이 5,1%가 받는다. 이런 현상은 대졸자들의 일자리가 계약직, 인턴 사원 등의 비정규직으로 채워진다는 것을 의미한다.

좋은 스펙을 만들면 좋은 직장에 들어가서 행복한 삶이 보장될 것이라는 패러다임이 여지 없이 박살나는 현실이다. 지금은 대퇴사 시대Great Resignation이다. 대기업의 신입사원이 1년 내에 30%가 퇴사한다. 온 가족이 시간과 돈을 스펙 만들기에 투자해서 어렵게 입사한 회사에서 30%가 퇴사를 한다. 여러 가지 이유가 있겠지만 가장 대표적인 것이 회사에 비전이 없다는 것이다. 그리고 회사가 상시 구조조정을 하기 때문에 직장인 대다수가 조용한 퇴직QQ족:Quiet Quitting 상태라고 한다.

부족한 월급으로 인하여 N잡 뛰는 직장인들이 늘어가고 있다. 직장인 10명 중 8명이 N잡을 하고 있다. N잡러는 미래를 대비하는 사람이라고 할 수 있다. N잡, 부업을 하는 이유는 부족한 생활비, 노후 자금 등의 경제적 이유와 미래대비, 직업탐색, 평생직장이 없는 고용불안정 때문이다.

노후 생활비 어떻게 해결해야 하는가?

노후에 돈 걱정 없이 사는 사람(10%), 연금 소득으로 사는 사람(22%), 계속 돈을 벌어야 하는 사람(44%), 외부의 도움을 받아야만 살 수 있는 사람(24%). 현재 우리나라 60세 이상이 살아가는 진짜 모습이다. 경제적 측면에서 바라본 후반부의 계층 사다리다. 100명 중 10명은 돈에서 자유롭고, 22명은 연금으로 살고 있고, 44명은 계속해서 돈을 벌어야 하고, 24명은 가족이나 국가의 돌봄을 받아야 한다. 60세 이상 시니어의 68%가 노후 위험에 처해 있다. 안전지대에 머무는 사람은 32%에 불과하다.

퇴직자들이 울고 있다

40대와 50대들의 미래 모습은 어떻게 전개될까?

2023년 통계청 사회조사 결과 자료를 살펴보면, "40대의 80.6%, 50대의 83.1%가 노후를 준비하고 있음이라고 답했다. 하지만 세부 내용을 살펴보면 해석이 달라진다. 준비하고 있다고 답한 40대의 약 60%, 50대의 65%가 국민연금이 노후준비 방법이라고 말했다. 그러니까 국민연금 외에 다른 준비는 하지 않고 있다는 뜻이다. 국민연금의 소득 대체율이 오르지 않는 한, 이들의 운명도 60~70세대와 다르지 않을 것임을 말해 준다. 40~50세대의 약 60%는 끓는 물의 개구리 신세다."

나이 들어 생활비를 조달하는 것은 현실적으로 어렵다. 왜냐하면 경쟁력이 있는 젊음과 역량을 가졌을 때도 돈을 벌지 못하는 사람이 대다수이기 때문이다. 하물며 나이 들어 목사(목적없이 사는 사람), 장로(장기간 노는 사람), 지공선사(지하철 공짜 타고 다니는 사람)를 하는 사람이 어떻게 생활비를 벌 수 있겠는가? 현실적으로 어렵다고 할 수 있다. 실제로 일하는 노인 68%가 임시직, 일용직이다. 그리고 월 100만 원도 못 버는 것이 현실이다.

노후 생활비 조달 방법

첫째, 금융사기를 당하면 안 된다.

부족한 생활비 조달에 현혹되어 금융사기를 당하면 안 된다. 금융사기는 금융파산을 부르고 실버파산으로 귀결되게 된다. 은행, 보험, 증권회사 등은 상품판매와 수수료가 목적이다. 금융권의 전문가의 이야기는 참고만 해야 한다. 유사금융, 투자 사기 등 투자결과는 모두 자신에게 귀속된다는 것을 명심해야 한다. 투자를 잘 못하는 이유는 부족한 생활비 때문에 투자 사기에 현혹되는 것이다. 재테크 책 몇 권 읽었다고 부자 되는 것 절대 아니다. 치열하게 그리고 처절하게 투자 공부를 해서 자신이 전문가가 되어야 한다. 세상에는 공짜가 없다는 것을 명심해야 한다.

둘째, 지출 항목을 줄여야 한다.

소득을 창출하기 어려우면 지출항목을 줄일 수밖에 없다. 절약하는 방법밖에는 없다. 보험관련 컨설팅을 받아보고 보험료를 관리해야 한다. 그리고 굶어 죽는데 체면이 무슨 소용인가 경조사비를 줄여야 한다. 노후에 가장 많이 지출되는 항목은 의료비라고 할 수 있다. 병원비, 약값을 줄여야 한다. 과도한 의료비 지출은 의료파산을 부르게 된다. 노후에 병원비를 줄일 수 있는 방법은 잘 먹어야 한다. 먹는 것을 아끼면 안 된다. 아끼는 것 이상 의료비로 돌아온다. 그리고 운동을 해야 한다. 운동을 하면 의료비 지출을 줄일 수 있다.

퇴직자들이 울고 있다

셋째, 근로소득을 창출해야 한다.

시골 어르신의 삶의 질이 도시 어르신의 삶의 질보다 월등히 높다. 그 이유는 시골 어르신들은 일을 한다는 것이다. 나이 들수록 일을 해야 한다. 근로소득 50만 원이면 2~3억의 은행예치 이자와 맞먹는다. 일을 하면 용돈도 덜 쓰게 된다. 일을 하면 식욕이 좋아져서 건강도 좋아진다. 그러므로 노인 일자리를 검색해서 일자리를 찾아야 한다. 노인들의 일자리는 도시보다는 시골에 일자리가 상대적으로 많이 있다.

넷째, 자산관리를 잘 해야 한다.

노인들에 대한 복지제도를 공부하면 좋다. 각종 유용한 복지혜택이 있다. 기초연금, 노령연금 등도 공부하면 많은 도움이 된다. 주택연금, 농지연금 등을 활용하면 노후에 상당한 보탬이 될 수 있다. 그리고 자산이 많지 않다면 기초생활수급자에 대한 연구를 해 볼 필요가 있다. 필자는 경기 북부에 노인실태조사를 한 적이 있다. 어르신들 중 다수가 기초생활 수급혜택을 받고 있다. 노령연금, 공공근로, 기초생활 수급 등을 통해 생계를 유지하는데 생각보다는 훨씬 적은 금액으로도 생활하고 있다.

다섯째, 삶의 터전을 옮겨야 한다.

도시에서 버티지 말고 지방, 시골로 삶의 터전을 옮길 필요가 있다. 나이 들수록 도시에 있는 병원 가까이 살아야 한다고 한다. 그러나 당장 배고픈데 쓸 데 없는 소리이다. 대도시와 가까운 지역으로 옮기면 된다. 도로와 교통이 좋아져서 위급 시에도 생각보다는 시간이 많이 소요되지 않는다. 귀촌을 하게 되면 빈집도 많고 집수리 비용, 이사비용, 집들이 비용 등 각종 혜택이 많다. 노인 일자리도 많이 있다. 일거리가 많으니 사는 것도 재미있고 건강도 되찾을 수 있다.

부무경업富無經業

부자가 되려는 마음을 먹었다면 비록 남의 말을 모는 마부의 직업이라도 가리지 않고 하겠다는 공자의 돈에 대한 다부진 각오가 《논어》에 나온다. 돈을 버는 일이 경시돼서는 안 되고 돈을 버는 과정에서 직업의 귀천을 논하지 않겠다는 것이다. 부무경업富無經業, 즉 부자가 되는 데는 정해진 직업이 없다. 돈도 정해진 주인이 없다貨無常主. 능력이 있는 자에게는 돈이 물밀듯이 몰려들 것이고, 이런저런 직업을 따지는 어리석은 사람에게는 가진 돈마저 와해되고 말 것이다. 천금을 벌어 부자가 된 사람은 한 도읍을 소유한 임금에 비교할 수 있고, 수만금을 번 부자는 나라를 소유한 왕과 같은 즐거움을 누릴 것이다.

자본주의의 의미는 돈이 주인이라는 뜻이다. 돈이 주인인 시대에 돈을 버는 것은 존경받을 일이며 직업의 귀천을 따져서도 안 된다. 특히 좋은 스펙을 만들어야 행복하고 윤택하게 살 수 있다는 패러다

퇴직자들이 울고 있다

임을 바꿔야 한다. 그리고 흔히 재테크라고 하는 돈 버는 기술에 대한 공부를 해야 한다. 필자는 부무경업과 재테크 기술이 먹고 사는 문제를 해결하는 중요한 출발점이 될 것이라 생각한다.

죽도록 일만 하는데 죽을 때까지 먹고 사는 걱정을 할 수밖에 없는 것이 현실이다. 누가 해결할 것인가? 어떻게 해결할 것인가? 결국 자신이 해결해야 한다. 믿을 구석은 본인 자신뿐이다. 노후 생활비 걱정만 한다고 해결이 안 된다. 걱정할 시간이 있다면 차라리 그 시간에 노후 생활비 조달에 관련된 공부를 열심히 해야 한다.

chapter2

당신의 경력을
디자인하라

역경을 뒤집으면
경력이 된다

직장과 직업을 디자인하라

직업에서 행복을 찾아라.
아니면 행복이 무엇인지 절대 모를 것이다.

앨버트 허버드

직장이 직업은 아니다

직장인이 승진 누락되고 후배를 상사로 받들게 되면 자존심 때문에 사표를 던지던 시절이 있었다. 그러나 회사는 전쟁이지만 회사 밖은 지옥이라는 것을 뼈저리게 느끼고 있다. 즉 준비되지 않은 퇴직은 재앙을 부른다는 것을 알고 있다. 그래서 무조건 정년까지 버텨야 한다. 퇴직 후 자영업 창업은 옛말이다. 만년부장, 만년차장 전성시대다. 회사를 나가지 않고 버티는 50대 직장인이 많아지고 있다. 창업을 하면 패가망신한다는 것을 선배들의 학습효과에 의해서

퇴직자들이 울고 있다

알고 있다. 그래서 후배를 모시는 엘더elder 선배가 많은 것이 현재 직장인의 새로운 풍속도가 되었다.

직장 다닌다고 직업이 생기지 않는다. 어렵게 입사해서 오랜 시간 직장생활을 해도 절대로 직업이 자동으로 생기지 않는다. 직장을 다니다 퇴사를 했을 때, 당신에게 "당신은 무엇을 하는 사람입니까?"라고 질문을 하면 대답하기가 궁색할 것이다.

이런 궁색함이란 직장은 다녔는데 직업이 없었다는 이야기이다. 오랜 시간 직장을 다녔는데 직장을 떠나는 순간 무직이 된다. 그런 퇴직자가 직장생활을 하면서 잘못한 것은 직장이 직업이 아니라는 것을 몰랐다는 것이다. 직장 다닌다고 자동적으로 직업이 만들어지는 것은 절대 아니다.

직장과 직업은 다르다. 직장은 눈뜨면 가는 그곳 즉 사무실이 직장이다. 그리고 직업은 직장에 다니는 상태가 아니라 조직을 떠나서도 혼자서도 독립할 수 있는 실력과 내공을 가진 상태라고 할 수 있다. 내공이란 훈련과 경험을 통해 안으로 쌓은 실력과 기운을 말한다. 직업을 만들기 위한 내공은 직장이라는 훌륭한 학교에서 만들어내야 한다.

회사는 회사의 비전을 위해서 사업을 한다. 그리고 그 회사에 다니는 직장인도 자신의 비전을 위해서 직장을 다니는 것이다. 많은 직장인이 회사가 개인에게 비전을 만들어 줄 것이라는 착각을 하고 있다. 순진한 생각이고 참 어리석은 생각이다. 회사는 개인에게 비전을 만들어 주지 않는다. 개인의 비전은 회사에서 근무하면서 자신이 만들어야 된다. 여기에서 개인의 비전이란 조직을 떠나서도 생존할 수 있는 실력과 내공이다. 그 실력과 내공이 직업이 되는 것이다.

직장인은 직장에서 자신의 직업을 만들어내야 한다. 그러려면 직장과 나의 관계를 명확히 해야 한다. 회사와 나의 관계는 근무하는 동안 연애를 하는 것이지 결혼한 사이가 아니다. 연애를 할 때는 미친 듯이 열정적으로 그리고 열렬히 사랑을 해야 한다. 그리고 그런 사랑의 열정이 식으면 자연스럽게 헤어지면 된다. 그것이 연애의 장점이다.

회사는 회사의 성과에 도움이 되는 직원에게는 아낌없는 사랑을 베푼다. 그러다 만족한 성과를 만들지 못하면 이별을 통보한다. 마찬가지로 직장인도 근무하면서 애인과 연애하듯이 회사를 사랑해야 한다. 회사에 충성해야 한다. 그리고 주어진 역할과 임무를 최선을 다해서 성과를 창출해야 한다. 그리고 그에 따른 보상을 받으면 된다. 월급과 복지혜택과 성과급을 받으면 된다. 중요한 것은 회사를 열렬히 사랑하고 충성하고 성과를 만들면서 배우는 것들이 있다. 그리고 회사에서 배우는 그것들을 평생 직업으로 만들어야 한다. 회사를 열렬히 사랑하고 충성해야 하는 이유가 여기에 있다.

퇴직자들이 울고 있다

봉급만 받고 다니면 손해

직장인은 회사에 다니면서 보이지 않는 많은 혜택을 받고 있다. 그런데 보이지 않게 받는 혜택은 크게 세 가지가 있다. 그리고 월급까지 덤으로 준다. 거기에다 성과가 좋으면 두둑하게 성과급도 준다.

첫째, 일은 직무와 관련된 세상을 보게 해준다.
둘째, 직무를 맡게 되면 직무와 관련된 사람들을 만날 수 있고, 직무와 관련된 새로운 기회를 잡을 수 있다.
셋째, 직무를 수행하면서 새로운 직무와 관련된 기술을 배울 수 있다.

봉급만 받고 회사를 다니면 손해인 것이다. 이렇게 생각하면 하나의 직무를 수행하면 그 직무와 관련된 세상만을 경험할 수밖에 없다. 그러므로 직장에서 여러 개의 직무를 경험하기 위한 노력을 해야 한다. 그래야 다양한 새로운 세상을 만나게 된다. 내가 한 번도 가보지 못한 새로운 세계를 만나게 해준다. 다양한 직무의 경험은 새로운 세상으로 들어가는 황금티켓이 될 수가 있다.

그러므로 직장에서 업무를 통해 자신의 직업을 찾고 만들어야 한다. 자신이 하고 있는 업무를 통해 가장 경쟁력이 있는 분야를 찾아야 한다. 가장 좋아하고 가장 잘 할 수 있는 직업을 찾아야 한다. 그러면 퇴직 후 새로운 시작 즉 은퇴가 아닌 인생의 후반전에 설레임이 가득한 멋진 인생을 살아갈 수 있다.

다섯 가지 자문자답

직장인은 언젠가는 퇴직한다. 그리고 퇴직 후 설레임이 가득한 멋진 인생을 만들어야 한다. 그러기 위해서는 30대 초, 중반까지는 자기가 하고 싶은 직업을 찾아야 한다. 그것을 경력목표로 설정해야 한다. 그리고 30대 중반부터 40세까지는 전문성을 쌓고, 40대부터는 전문가로서 살아야 한다. 어쨌거나 지금 이 글을 읽고 있는 여러분은 나이와 상관없이 새로운 직업, 평생 직업을 찾아야만 하는 시대에 살고 있다.

직장에서 평생 직업을 만들어내기 위해서는 스스로 자신에게 다섯 가지를 자문자답해보라! 스스로 자신에게 경험, 전문성, 증거, 노력과 교육, 추천인에 대해서 스스로 체크하고 점검해야 한다.

❶ 경험 – 그동안 회사에서 어떤 경험, 어떤 업무를 수행했는가?
회사에서 다양한 직무를 경험하기는 쉽지 않다. 왜냐하면 전환배치가 인사제도로 정착되어 있는 회사가 많지 않기 때문이다. 그래서 일반적으로 한 직무를 하면서 조직에서 성장하게 된다. 경영상의 필

요에 의해서 TFT_{Task Force Team}를 구성하는 경우에도 TFT 팀원으로 선발되는 것은 여간 어려운 일이 아니다.

그래서 직장인에게 필요한 것이 사내 정치력이라고 할 수 있다. 그러므로 사내 네트워크를 관리하고 사내 인맥을 통해 TFT에 참여하고 전환배치를 통해 다양한 직무를 경험해야 한다. 그리고 자신이 수행했던 업무나 경험 그리고 업무수행 성과를 기술한 이력서를 작성해야 한다. 그런 이력서를 6개월이나 1년 단위로 업그레이드시켜야 한다. 입사할 때와 현재의 이력서가 변한 것이 없다면 정리해고의 1순위가 되는 것을 각오해야 한다.

필자는 회사에서 힘든 시기가 있었다. 암울한 시기였다. 적지 않은 시간 방황을 하면서 무엇을 해서 먹고 살 것인가를 고민했는데 마땅히 해답을 찾기가 쉽지 않았다. 내가 세상에서 가장 잘하는 것이 무엇인가를 생각해보았다. 좋아하는 일은 아니지만 회사에서 하던 일이었다. 즉 강의와 경영컨설팅이었다. 내가 세상에서 가장 잘하는 것 물론 다른 전문가들과는 비교가 될 수 없지만 강의와 경영컨설팅을 경력목표로 설정했다. 그리고 교육프로그램 디자인, 교육과정 개발, 교재개발, 경영컨설팅 참여 등을 통해 나의 경험역량을 확대했다.

❷ 전문성 – 과거 경험과 수행했던 업무들을 볼 때, 나의 전문성을 어떻게 표현할 수 있는가?

직장에서 근무하면서 업무를 통해서 전문성을 확보한다는 것은 말처럼 쉬운 일이 아니다. 전문성이라는 것은 이직이나 전직을 할 때 재취업하고자 하는 회사에서 인정해 줄 수 있는 것을 의미한다. 인사, 총무, 기획, 생산관리, 영업 관리 등의 관리업무는 재취업 시장에서 전문성을 인정받기가 쉽지 않다.

그러므로 자신의 이력서를 헤드헌팅 회사를 통해 취업시장에서 전문성을 확보해야 한다. 예를 들어 실제로 이직을 하려고 하는 것은 아니지만 10여 개의 헤드헌팅 회사에 이력서를 제출했을 때, 7~8개의 회사에서 요청이 온다면 전문성을 확보하고 있다고 할 수 있다. 그러나 시장에서 신호가 없다면 시장에서 통하는 전문성이 없다는 것을 알아야 한다. 그러므로 자신의 전문성, 시장성을 확보하기 위해서는 정기적으로 자신의 이력서를 보완 수정해야 한다.

필자는 전문성 확보를 위해서 강의 영역과 컨설팅 영역을 확대해 나갔다. 새로운 주제의 강의를 하기 위해서는 많은 시간과 노력을 투자해야만 했다. 이때 투자한 시간과 노력이 강호 무림에 나왔을 때 필자의 경쟁력을 제고해준 일등공신이다. 그러나 새로운 주제의 강의를 개발할 때 게으름을 경계하는 것이 여간 힘든 게 아니었다.

❸ 증거 – 나의 전문성을 입증해 줄 수 있는 대표적인 성과는 무엇인가?

직장인이 이력서를 작성할 때 스펙만 나열하는 것이 아니다. 직장에서 근무하면서 경험했던 업무이력과 이력에 연결되는 업무성과를 적극적으로 표현해야 한다. 그런 것이 자신의 역량과 전문성을 입증할 수 있는 증거가 된다. 그리고 그런 역량과 업무성과가 재취업 시장에서 통할 수 있는 것이다.

필자는 증거를 확보하기 위해서 강의했던 회사명, 일시, 주제, 교육시간, 강의안 등을 리스트 업하고 관리했다. 물론 담당자와 좋은 유대관계를 맺기 위해서 많은 노력을 했다. 그때 만났던 담당자들과 유대관계 강화와 인맥관리를 통해 무림에 나왔을 때 굉장히 큰 도움을 받을 수 있었다. 특히 강의안을 작성하는 데 심혈을 기울였다. 그런 강의안들 덕분에 책을 출간할 수 있는 좋은 밑거름이 되었다.

❹ 노력과 교육 – 나의 전문성을 강화하기 위해 어떤 노력이나 교육을 받았는가?

자신의 업무 전문성을 강화하기 위해서는 다양한 교육을 받아야 한다. 지금은 다양성의 시대이다. 다양성과 소통하려면 교육을 통해서 다양성에 대처할 수 있는 역량을 개발해야 한다.

필자의 노력과 교육은 회사kpc에서 진행하는 여러 교육과정을 수강했다. 교재는 물론 관련 자료도 함께 확보하기 위한 노력도 게을리 하지 않았다. 그리고 강의한 강사와 유대관계를 강화해서 많은 도움을 받을 수 있었다. 그렇게 알게 된 강사에게 강의 기회를 제공하기 위한 노력도 했다. 이러한 일련의 노력은 강호, 무림에서 생존하는데 지대한 도움을 주었다. 그리고 현재도 교육과 역량강화를 위해 열심히 노력하고 있다.

❺ 추천인 – 나의 전문성을 추천해줄 수 있는 사람은 누구인가? 추천해 줄 인맥은 있는가?

조직에서 업무역량이 뛰어나다고 해서 꼭 승진을 하는 것은 아니다. 관리자로 성장하려면 사내정치 역량도 있어야 한다. 회사 내의 여러 네트워크를 파악하고 적절하게 네트워크에 참여하고 관리해야 한다. 경력을 가지고 재취업에 성공하려면 재취업하고자 하는 회사에 연결할 수 있는 네트워크가 있어야 한다.

화려한 경력을 자랑하는 이력서라 하더라도 추천해주는 네트워크가 없으면 재취업을 할 수 없는 것이 현실이다. 특히 추천하는 사람 없이 재취업을 하게 되면 새로운 직장에서 텃세를 극복하기가 쉽지 않다. 마찬가지로 강사가 강의를 잘해도 불러주지 않으면 강의 기회가 없다. 필자는 근무하면서 교육담당자, 교수, 산업강사 등 경력목표와 관련된 추천인 즉 네트워크를 만들기 위해 많은 시간과 투자를 했다.

직장인이 직업을 만들기 위해서는 다섯 가지에 대해 수시로 자문자답하는 것이 중요하다. 중요한 것은 직장 다닌다고 절대로 직업이 만들어지지 않는다는 것을 명심해야 한다. 직장 다니는 동안 자신이 해야 할 것은 자신이 하고 싶은 직업을 찾아야 하고, 자신만의 직업을 만들어야 한다. 그래서 직장에 근무하면서 직업을 디자인해야 한다. 그래야 독보적인 경쟁력을 갖춰서 무림에서 생존할 수가 있다.

회사 밖은 지옥이라는 것을 가슴에 새기고 회사에서 회사 밖의 세상을 천국으로 만들어야 한다. 봉급만 받고 회사를 다니면 손해이다. 하나의 직무를 수행하면 그 직무와 관련된 세상만을 경험할 수밖에 없다는 것을 가슴에 새겨야 한다. 그러므로 직장을 다니면서 여러 개의 직무를 경험하기 위한 노력을 해야 한다. 그래야 다양한 새로운 세상을 만나게 된다. 내가 한 번도 가보지 못한 새로운 세계를 만나게 해준다. 여러 개의 직무, 다양한 직무는 새로운 세상으로 들어갈 수 있는 황금티켓이 될 수 있다는 것을 다시 한 번 가슴에 새기기를 기대한다.

그 많던 50대는 어디로 갔는가?

성공은 당신이 사랑하는 일을 찾아 그 일에 열정을 쏟는 것에 있다.

스티브 잡스

깔딱고개

직장인들이 준비되지 않은 퇴직을 하게 되면 가장 익숙한 것과 결별하게 된다. 그리고 낯선 곳에서 자신을 발견하게 된다. 직장인에게 가장 익숙한 곳, 눈을 뜨면 가는 그곳 가장 편안한 데가 직장이다. 그런 익숙한 직장과 결별하게 되면 갈 곳이 없다. 오라는 데도 없다. 반겨주는 사람이 없다. 그래서 갈 곳이라고는 산밖에 없게 된다. 그래서 준비되지 않은 퇴직을 당한 직장인이 갈 곳이 산밖에 없게 된다. 어쩔 수 없이 산악인이 되는 것이다. 퇴사 후 등산 다니려고 회사를 다닌 것은 아닌데 말이다.

퇴직자들이 울고 있다

나는 등산을 좋아한다. 어쩔 수 없이 하는 등산이 아닌 좋아서 등산을 한다. 백두대간을 3번 종주했다. 한강기맥, 땅끝기맥도 종주했다. 특별한 일이 없으면 주말에는 등산을 간다. 건강에는 등산만큼 좋은 운동이 없다. 산은 변화무쌍하다. 그리고 위험하다. 그래서 등산은 철저한 준비를 해야 하고, 겸손해야 한다. 그리고 동반자와 고수와 함께 등산을 해야 한다. 어쩔 수 없이 퇴직하고 갈 곳이 없어서 등산을 가게 되면 많은 위험에 노출될 수밖에 없다. 산은 변화무쌍하기 때문에 산을 알고 등산해야 안전사고를 예방할 수 있다. 마찬가지로 직장 밖은 무림, 강호이다. 강호에는 무수히 많은 고수들이 하수인 퇴직자들을 노리고 있다.

등산을 하다보면 정상에 오르기 전에 깔딱고개를 만나게 된다. 어떤 산이든 깔딱고개까지 올라갈 때가 굉장히 힘들다. 숨이 막히고 다리는 풀리고 심장이 멈출 것 같은 고통이 수반된다. 그런 깔딱고개를 넘어야 정상에 오를 수 있다. 설악산, 지리산과 같은 거대한 산은 몇 번의 깔딱고개를 넘어야 한다. 그렇게 해서 정상에 오르게 되면 발아래 펼쳐지는 파노라마를 볼 수가 있다. 멋진 풍광과 조망 너무나 환상적이다. 그때 필자는 살아있다는 느낌이 든다. 사는 맛이 난다. 성취감과 더불어 자신감이 생긴다. 그리고 왠지 모르는 설렘으로 설레게 된다. 이 맛에 등산을 하는 것 같다.

그리고 정상에서 조망을 즐기면서 휴식도 취하고 준비해온 음식을 먹으면서 체력보충도 한다. 그리고 정상에 오르기까지 함께 고생한 동반자와 가벼운 덕담도 즐긴다. 그런데 정상에서 즐길 때 두 부류의 사람들이 나타난다. 첫째, 갈 길을 보는 사람이 있다. 둘째, 즐기기만 하는 사람이 있다. 갈 길을 보는 사람은 앞으로 가야 할 길에 대한 지식과 경험을 갖고 있는 사람이다. 즐기기만 하는 사람은 가야 할 길에 대한 지식이 없거나 경험이 없는 사람들이다.

직장생활은 등산과 매우 흡사하다. 입사 2~3년차가 되면 직장의 깔딱고개를 맞이하게 된다.

입사해서 회사에 적응하기 위해 생존하기 위해 열심히 배운다. 업무를 배우고, 회사의 문화를 배우고 사람을 익히게 된다. 이때가 굉장히 힘이 든다. 대기업에서는 신입사원들이 어려움을 극복하지 못하고 1년 안에 30%가 퇴사를 한다. 좋은 직장에 취직하기 위해 스펙 7종 세트, 8종 세트를 만들기 위해 20년 이상의 시간과 돈을 엄청나게 투자한다. 그렇게 고생해서 취직한 신입사원들이 깔딱고개를 넘지 못하고 퇴사를 한다.

직장의 깔딱고개를 넘지 못하는 이유는 급여 불만, 직무 불만, 비전 결여 등 여러 가지가 있다. 힘들게 깔딱고개를 넘게 되면 정상에 오르게 된다. 정상에 오른 이때가 입사 7~8년차가 된다. 등산할 때 정상에서 조망을 즐기고, 체력보충하고, 휴식을 취하듯이, 직장인도 입사 7~8년차 때 2~3년을 즐길 필요가 있다. 이때쯤이면 업무가 익숙해진다. 회사가 편안해진다. 회사 다닐 맛이 난다. 그렇게 2~3년을 즐기다 보면 입사 10년차가 된다. 중요한 것은 직장인이라면 누구나 입사 10년차에 퇴사에 대한 생각을 해야 한다. 퇴직준비를 해야 한다. 그런데 대다수의 직장인은 즐기기만 하고 퇴사준비를 안한다.

그 많던 50대는 어디로 갔는가?

그런데 등산과 마찬가지로 직장생활 10년차에 두 부류의 사람들이 나타나게 된다.

앞에서 기술했듯이 두 부류의 사람이란, 갈길을 보는 사람이 있고 즐기기만 하는 사람이 있다.

첫째, 갈 길을 보는 사람이 있다.

갈 길을 볼 줄 알아야 한다. 갈 길을 정해야 한다. 여기서 갈 길이란 경력목표를 말한다. 이때가 퇴사를 생각하고 퇴사를 준비할 시작점이다. 이때 세상의 변화, 흐름을 읽을 줄 알아야 한다. 그래야 제대로 된 갈 길을 볼 수 있는 혜안을 갖게 되는 것이다.

회사는 전쟁터지만 회사 밖은 지옥이다. 그 지옥이 무림이다. 무림에서는 스펙보다는 내공이 있어야 한다. 그래야 무림 고수들과 일합을 겨뤄서 승리하거나 생존할 수가 있다. 직장 내에서 능력자로 대접받는 내공을 갖고 있어도 강호에 나오면 승률이 10%가 안 된다. 직장인들이 그것을 모른다는 것이 안타까울 뿐이다.

둘째, 즐기기만 하는 사람이 있다.

즐기기만 하는 사람은 갈 길을 모르는 사람이다. 갈 길을 모르는 사람은 자기성찰을 못하는 사람이다. 환경변화에 둔감한 사람이다. 직장생활 10년차에 갈 길을 보고, 갈 길을 정해야 하는데 갈 길을 보지 않고 즐기기만 한다. 그리고 봉급쟁이의 즐거움을 만끽하기만 한다. 그렇게 즐기다 보면 자신도 모르게 매너리즘에 빠지게 된다. 이때가 오십대가 되는 시점이다.

그렇게 아무 생각 없이 즐기기만 하면서 마의 15년(35~50세)을 보내게 된다. 그리고 그렇게 50대가 된다. 그리고 구조조정, 정리해고의 최우선 순위가 된다. 그리고 그 많던 오십대가 회사를 떠나게 된다. 이때 90%가 떠나게 된다. 이런 사람들은 준비되지 않은 퇴직을 하게 된다. 그리고 재앙을 맞이할 수밖에 없게 되는 것이다.

퇴사는 언제 준비하는가?

직장생활 10년차는 업무에서 절정기를 맞게 되는 때이다. 이때가 퇴사를 생각해야 할 때이고, 퇴직을 준비해야 할 때이다. 그리고 그때 결정해야 할 3가지가 있다.

첫째, 지금의 회사를 계속 다닐 것인가? 독립할 것인가를 결정해야 한다.

둘째, 지금의 회사에 남을 것인가? 이직이나 전직을 할 것인가를 결정해야 한다.

셋째, 직무특성을 고려해서 제네럴리스트가 될 것인가? 스페셜리스트가 될 것인가를 결정해야 한다.

직장생활 10년차에 3가지를 결정하려면 경영환경변화를 읽을 수 있고 자기성찰을 할 수가 있어야 한다. 10년의 직장생활의 경험과 지식, 자신의 자질과 특성에 맞추어서 자기만의 승부를 보아야 할 때라고 할 수 있다.

첫 번째 퇴직준비, 현재의 회사를 계속해서 다닐 것인가?
아니면 회사를 떠나서 독립할 것인가를 결정해야 한다.

10년 직장생활의 경험과 자신의 특성과 자질에 비추어 볼 때 자기만의 승부를 봐야겠다고 결심한 사람이라면 한시라도 빨리 준비를 해야 한다. 50대에 회사에서 밀려나듯 퇴직해서 어쩔 수 없어서 창업을 하면 안 된다. 왜냐하면 어쩔 수 없이 떠밀려서 하는 자영업 창업은 실패할 확률이 90%~95%로 대단히 높기 때문이다. 그러므로 자신의 경력목표를 명확하게 설정하고 경력관리를 해야 한다. 그래야만 창업을 했을 때 성공할 확률을 높일 수 있다.

필자가 대구에서 막창을 주요 아이템으로 하고 있는 식품회사에서 3일간 협상 스킬과 소통 스킬을 강의할 때 김 본부장을 만나게 됐다. 붙임성이 있고, 예의 바르고, 넉살도 좋고 리액션이 좋아 교육 분위기를 고조시켜준 고마운 사람이다. 나중에 이야기를 나눠보니 김 본부장은 3년 남짓 퇴직을 준비했다. 40대 초반인 김 본부장은 작은 식품회사(막창 유통업)를 창업해 성공적으로 사업을 일구고 있다.

그가 퇴직과 창업을 결심하게 된 동기를 보면 그의 성공은 당연한 것이다. 근무를 하면서 가끔 5년 후, 10년 후의 자신의 모습을 생각해 봤다고 한다. 그리고 같이 근무했던 선배들을 만나서 조언을 많이 들었다. 퇴직한 사람, 직장상사, 임원 그리고 다른 회사에서 근무하고 있는 선배나 친구들을 보면서 직장생활의 끝을 생각했다. 그리고 지금 퇴사하는 것이 10년 후 50대 초반에 퇴사를 하는 것보다 새로운 일을 시작하기에 유리할 것이라고 확신했다. "먼저 맞는 매가 낫다"라는 말이 있듯이, 설령 실패를 하더라도 재기할 수 있는 시간이나 재취업의 기회를 잡을 수 있기 때문에 퇴사를 결정했다고 한다.

그런데 김 본부장이 근무했던 회사의 대표가 대단한 분이시다. 강의를 하면서 많은 대화를 나누면서 대표의 확고한 경영철학을 엿볼 수 있었다. 막창 유통업은 막창을 구입, 가공해서 판매하는 유통하는 회사이다. 고도의 기술이 필요하지 않은 업종이다. 쉽게 이야기하면 막창을 구입해서 아주머니들이 손질하고 영업사원이 식당에 납품하는 단순 구조라고 할 수 있다. 회사대표는 50~60명의 작은 규모의 회사를 경영하면서 직원들에게 정기적으로 교육을 시키고, 직원들에게 독립을 독려하던 분이다.

필자가 대표와 대화를 나누면서 느낀 점은 작은 규모지만 장사꾼이 아닌 고도의 경영전략을 갖고 있던 사업가라는 것을 알 수가 있었다. 자기사업을 하겠다는 목표를 갖고 있는 직원들은 열정적으로 업무를 수행하고 최고의 성과를 낸다는 것이다. 봉급쟁이의 사고로 근무를 하는 사람들보다 일당백의 성과를 내기 때문에 독립을 독려한다는 것이다. 그래서 독립을 하는 직원들에게는 아낌없는 지원을 한다고 한다. 대단한 사업가라고 할 수 있다.

둘째, 지금의 회사에서 직장생활을 계속할 것인가?
다른 회사로 이직을 할 것인가를 결정해야 한다.

직장에서 10년 정도를 근무하게 되면 과장이거나 차장의 위치에 있게 된다. 이때 자신이 조직에서 어느 위치까지 승진할 수 있을지를 가늠할 수 있다. 자신이 임원까지 바라볼 수 있다면 현재의 업무에 충실해서 임원승진 경쟁에서 우위를 점해야 한다. 중요한 것은 승진에 필요한 성과를 만들어 내야 한다. 그리고 임원이 될 수 있는 자격조건을 갖추어야 한다. 부족한 부분이 있다면 철저히 자기계발을 해야 한다.

아무리 노력해도 임원승진이 어렵다고 판단되면 부장이 되기 전에 임원이 될 수 있는 다른 회사로 이직을 해야 한다. 왜냐하면 부장이라는 직책은 자리가 많지 않고 수요가 많아서 이직을 하기가 싶지가 않기 때문이다. 그러므로 상대적으로 수요가 많고 정착 가능성도 높은 과장, 차장 시기에 10년 이상 근무할 수 있는 회사로 이직을 해야 한다.

신양기업의 하 대표는 고향에서 고등학교를 졸업하고 기능대학에 진학했다. 졸업 후에 자동차 부품을 생산하는 주)통일에 입사해서 7년간 근무를 했다. 7년간 자동차 엔진부품에 대한 연구와 기술 습득을 했다. 하지만 실력은 있는데 스펙 때문에 승진하기에는 불리한 환경이었다. 때마침 기술연구소 소장의 추천으로 지금 근무하고 있는 회사에 입사를 하게 됐다. 하 대표가 입사할 때는 회사의 시스템이 열악해서 재창업 수준으로 새롭게 시스템을 구축하게 됐다. 그리고 10년간 R&D, 생산관리, 관리(인사, 총무 등)를 총괄했다. 그런데 10년간 성장을 거듭하던 회사가 어느 순간부터 성장을 멈추고 정체기에 접어들게 되었다.

하 대표가 회사의 문제점을 분석해보니 영업부문에 심각한 문제가 있다는 것을 알게 되었다. 영업사원들이 제품에 대한 이해 및 기술이 없어서 고객의 요구에 부응하지 못하고 있었다. 영업사원이 제품에 대한 기술력이 뒷받침이 되지 않으니 수주를 하더라도 제품원가를 맞추지 못했기 때문에 적자를 면치 못하게 되었다. 그래서 하 대표는 R&D, 생산관리, 관리(인사, 총무 등)를 총괄하면서 직접 영업을 하게 되었다. 영업현장에서 기술자로서 고객사의 니즈에 맞는 신제품 개발을 할 수가 있었다. 그렇게 영업을 총괄하면서 신규 거래처를 확보하게 되니 매출 증대로 인해서 회사가 급성장하게 되었다. 기존 거래처뿐만 아니라 신규거래처도 하 대표만 신뢰를 하게 되었다.

회사의 오너인 회장은 하대표의 거취에 촉각을 세우면서 회사의 지분을 양도하겠다는 제안을 수시로 했다. 그러나 하 대표는 이런 제안을 모두 거절했다. 왜냐하면 회사에 얽매이고 싶지 않았기 때문이다. 하 대표는 회장이 원하는 기간까지는 근무를 하겠다고 한다. 그렇게 30년간 근무를 하고 있으면서 최고의 대우를 받고 있다. 언젠가는 회사가 퇴직을 요구하는 시점이 오면 그때 가서 창업을 하겠다고 한다. 창업을 해도 지금의 회사 아이템, 거래처는 절대 건드리지 않고 신의를 지키겠다고 한다. 대단한 고수의 아우라가 느껴진다. 하 대표의 사례를 보면 스펙이 아닌 내공이 얼마나 중요한지, 그리고 경력관리가 얼마나 중요한지를 일깨워준다. 필자는 지금도 무림에서 하 대표 같은 고수를 만나서 많이 배운다.

셋째, 현재의 직무특성을 생각해보고 제네럴리스트로 성장할 것인가? 스페셜리스트로 성장할 것인가를 결정해야 한다.

직장인은 회사의 입장에서 보면 하나의 소모품이고 부품일 수밖에 없다. 그러므로 제네럴리스트가 될 것인지 스페셜리스트가 될 것인지를 경력목표로 설정해야 한다. 스페셜리스트는 자기 브랜드에 기반하며 직무 지향성을 갖는다. 반면에 제너럴리스트는 조직 브랜드에 기반해 성장하고 조직 지향성을 갖는다. 그러나 회사의 규모에 따라 승진의 가능성을 판단하기가 어렵고 전문성을 담보해내기가 어렵다고 판단될 수도 있다. 이럴 때는 상대적으로 영역이 넓은 영업 쪽으로 방향전환을 하는 것도 좋다. 그래야 정년까지 버티기가 쉽고 회사를 퇴사해서도 재취업이나 창업을 하기에도 유리하다고 할 수 있다.

지금은 불확실성 시대, 다양성 시대이다. 많은 일자리가 사라지고 있는 4차 산업혁명시대에 나는 무엇을 준비하고 어떻게 살아가야 하는가? 나는 언제까지 회사를 다닐 수 있을까?

직장인이라면 이런 질문에 답을 할 수 있어야 한다. 그러나 쉽게 답을 할 수가 없다. 그래서 불안하고 불확실한 미래가 직장인에게 부캐(부캐릭터) 만들기, 멀티페르소나에 관심을 갖게 한다. 다양한 부캐 만들기와 멀티페르소나에서 직업의 정체성을 찾고 경제적 활동을 하는 사람들을 N잡러라고 부른다. N잡러는 T자형 인간이라고 할 수 있다.

T자형 인간은 다른 분야에 대한 상식과 포용력을 갖고 있는 사람이다. 즉, 자기 분야는 기본이고 다른 분야에도 일가견이 있는 종합적인 사고능력을 갖고 있는 사람을 말한다. T의 I는 종적으로 특정 분야의 전문지식과 능력을 갖고 있는 스페셜리스트Specialist이다. 한

마디로 한 우물을 깊게 파는 사람이다. T자의 _는 횡적으로 다른 분야에 대한 기본적인 지식과 문제 해결능력을 고루 갖고 있는 제네럴리스트Generalist이다. 우물을 넓게 파는 사람이다.

중요한 것은 스페셜리스트를 지향하면서도 제너럴리스트로 넓은 시각을 가지는 것을 소홀히 해서는 안 된다. 결국 평생 직업을 만들기 위해서는 자신의 전문성 향상에 집중해야 한다. 그러면서 다른 분야의 일에 관심을 가지고 이해하며 소통하는 것이 필수적이라고 할 수 있다. 회사에서 내 업무가 아닌 일을 할 기회가 생긴다면 적극적으로 참여하는 것이 좋다. 다시 말해서 다양한 프로젝트, 다양한 TFTtask Project Team에 참여해야 한다. 자신의 발전을 위한 좋은 기회라고 생각해야 한다. 탑을 높이 쌓으려면 기단부터 넓게 자리 잡아야 하기 때문이다.

와신상담과 도광양회

언젠가는 퇴직해야 할 운명이라면 어쨌거나 준비를 해야 한다.
중요한 것은 뜻이나 목표를 세웠으면 이루어지기 전에
함부로 드러내지 말아야 한다.
남들 모르게 실력을 갈고 닦으면서 때를 기다려야 한다.

필자

퇴사와 도광양회

직장인이 퇴직 이후를 준비한다는 것은 결코 쉽지 않다. 나이 먹고 직급이 높은 사람을 구조조정하려고 하는 것이 기업의 현실이다. 그런 와중에 퇴사준비를 한다는 소문이 난다면 정리해고의 1순위 대상이 될 공산이 크다. 그리고 높은 직급이면서 나이 먹은 관리자들을 정리하게 되면 인원을 충원하지 않고 정리해고 된 사람의 업무까지 떠안게 된다. 거기다가 과다한 업무와 성과를 내야 하기 때문에 퇴직준비를 하고 싶어도 할 수 없다. 퇴근 후에 지친 몸을 이끌고 다른 것을 할 수 있는 체력도 남아 있지 않다.

그럼에도 불구하고 퇴직은 직장인이 가야 할 길이다. 언젠가는 퇴직해야 할 운명이라면 어쨌거나 준비를 해야 한다. 중요한 것은 뜻이나 목표를 세웠으면 이루어지기 전에 함부로 드러내지 말아야 한다. 남들 모르게 실력을 갈고 닦으면서 때를 기다려야 한다. 왜냐하면 직장에서 자기계발을 한다거나 자격증을 취득하기 위해 노력을 할 때 주변 사람들은 긍정적으로 받아들이지 않는다. 업무에 집중하지 않는다거나 언제든 이직이나 전직을 하기 위해서 준비를 한다고 이야기 한다.

사촌이 땅을 사면 배가 아프듯이 동료나 후배의 성장을 좋게 보지 않는 경향이 있다. 왜냐하면 선배, 동료, 후배 모두가 경쟁자이기 때문이다. 그래서 자기계발을 하거나 자격증을 취득할 때 상사나 동료들에게 말해서 좋을 것이 없다. 특히 아주 친한 사람한테도 천기누설하면 안 된다. 왜냐하면 동티가 나기 때문이다. 조용히 내실을 다지는데 중점을 두는 것이 좋다.

조용한 내실, 천기누설하지 않는 것이 도광양회이다. 도광양회韜光養晦는 빛을 감추고韜光 어둠속에서 힘養晦을 기른다는 뜻의 고사성어로 자신의 재능과 뜻을 밖으로 드러내지 말고 실력을 쌓으면서 때를 기다린다는 뜻이다.

퇴직준비는 동티나지 않게 도광양회 정신으로 해야 한다. 삼국지의 유비가 조조의 식객 노릇을 할 때 살아남기 위해 일부러 몸을 낮추고 어리석은 사람으로 보이도록 하여 경계심을 풀도록 만들었던 계책이다. 그리고 제갈공명이 천하 삼분지계三分之計를 써서 유비로 하여금 촉을 취한 다음, 힘을 기르도록 하여 위, 오와 균형을 꾀하게 한 전략 역시 도광양회 전략이다.

서기 199년 중국 중원에서의 일이다. 세勢가 약했던 유비는 조조에게 몸을 의탁한다. 영웅은 영웅을 알아보는 법이다. 둘은 서로 경계심을 풀지 못한다. 압박감은 유비가 더 심했다. 막강한 권력을 가진 조조가 마음만 먹는다면 언제든지 자신을 죽일 수 있기 때문이었다. 유비는 조조의 경계심을 풀어야 했다. 유비는 후원에 채소를 심고 물을 주는 일로 소일을 한다. 자신의 재능을 숨기고 큰 뜻이 없음을 가장하기 위한 것이었다. 즉 도광양회 전략이었다.

와신상담臥薪嘗膽 경력관리

기원전 506년, 오 왕 합려는 손자병법으로 잘 알려진 손자와 초나라에서 망명하여 온 오자서의 보필을 받으며 강남 제일의 강국으로서 중원을 노리고 있었다. 오의 남쪽에는 월나라가 있었는데 오왕 합려는 월 왕 윤상이 죽었다는 소식을 접하고 남쪽의 월을 공격하게 된다.

그러나 월 왕 구천윤상의 아들에게는 유능한 신하 범려가 있었다. 그의 전략으로 오 나라에 맞섰다. 병사를 3열의 결사대로 오 나라 진영 앞까지 보내 괴성을 지르며 자살하도록 했다. 오 나라 군사들이 당황해 할 때 총공격을 하도록 하는 것이었다. 이 작전은 주효하여 마침내 오는 크게 참패하고 월이 대승을 거두었다.

참패한 오 왕 합려는 적의 화살에 입은 상처가 악화되어 기원전 496년에 끝내 목숨을 잃고 말았다. 그는 태자 부차에게 "아들아! 월 왕 구천이 네 아버지 죽인 것을 결코 잊지 말라"라는 마지막 말을 남기고 숨을 거둔다. 부왕의 뒤를 이은 오 왕 부차는 밤낮 없이 복수를 맹세하고 국력을 강화하였다. 그는 월 나라에 대한 원한을 씻어 달라는 부왕의 유명을 잊지 않기 위해 섶나무 위에서 잠을 잤다(이것을 와신臥薪이라고 함). 그리고 신하들에게도 군왕의 방을 드나들 때에는 반드시 문 앞에서 부왕의 유언을 외치게 하면서 복수의 때가 오기만을 기다렸다.

구천은 부차가 복수를 위해 국력을 강화하고 있다는 소식을 들었다. 지금은 전쟁을 할 때가 아니라는 범려의 간언에도 선제공격을 가하나 무참하게 패배하고 말았다. 월 왕 구천은 회계산으로 도망하였으나 오 나라 군사에 포위되어 절체절명의 위기에 빠지게 되었다.

범려는 부차의 신하로 욕심 많고 기회주의자인 백비에게 뇌물을 주고 화약을 추진하였다. 결국 구천은 많은 재물을 주고 오의 신하가 될 것을 내용으로 한 굴욕적인 화약을 맺고 풀려 나온다. 이때 부차의 신하인 오자서는 후환을 남기지 않으려면 지금 구천을 살려서는 안된다고 부차에게 간하였다. 그러나 월 나라로부터 뇌물을 받은 백비는 월이 항복하여 신하가 되는 것은 오에 큰 이익이라 건의하였다.

부차는 백비의 진언을 받아들여 월과 주종 관계를 맺고 구천을 풀어주었다. 부차는 그때부터 오자서를 점점 멀리하고, 대신 백비를 중용하였다. 백비는 초나라에서 망명해 온 사람으로 강직한 오자서와는 달리 뇌물을 좋아하고 아첨을 잘하는 인물이었다. 위기를 모면한 월 왕 구천은 다시 월 나라로 돌아온 후, 항상 곁에 쓸개를 놔두고 앉으나 서나 그 쓴맛을 맛보며(이것을 상담嘗膽이라 함). 회계산의 치욕을 상기했고, 복수의 날만을 기다렸다.

오 왕 부차가 천하의 패권을 얻기 위해 황지에서 제후들과 회맹하고 있을 때, 구천은 군사를 이끌고 오 나라로 쳐들어갔다. 이것은 서전에 지나지 않았다. 그 후 6년이 지난 후 구천은 본격적으로 오를 공격하였다. 당시 부차는 서시 미인과 놀아나며 정사를 바로 보지 않았고, 잦은 북벌 작전으로 국력은 피폐해 있었다. 구천은 역전 끝에 부차를 굴복시키고 오를 멸함으로써 지난날 회계산의 치욕을 말끔히 씻을 수 있었다.

부차는 저장성 팅허에서 여생을 보내도록 배려되었으나, 굴욕을 참지 못하고 스스로 자결하였다. 나는 오자서를 볼 낯이 없다고 하면서 부차는 수건으로 얼굴을 가리고 죽었다고 한다. 20여 년에 걸친

오월의 보복전은 이렇게 막을 내리고 오는 끝내 멸망하고 말았다.

이후 구천은 부차에 대신하여 강남의 패자가 되었는데, 목적을 달성하기 위해 온갖 고난을 참고 견딤을 비유하는 와신상담이라는 말은 이 시대의 일을 그려 나온 고사성어다. 경력개발과 경력관리는 와신상담의 인내와 고통의 시간을 투자해야 한다.

대나무와 김치

절개와 강직함의 상징인 대나무는 전 세계적으로 그 종류가 1,200여 종에 이른다. 이렇듯 수많은 나라에 분포돼 있는 대나무 중 그 성장방식과 생태가 매우 독특한 대나무가 있다. 그것은 바로 중국의 극동지방에서만 자라는 희귀종인 모소대나무이다. 중국 무협 영화에서 보면 대나무에서 싸움을 하는 장면이 나오는데 그 대나무가 모소대나무이다.

모소대나무는 씨앗을 뿌린 지 4년 만에 싹을 틔운다. 간신히 삐져 나온 싹도 겨우 3cm 남짓이다. 4년 동안 성장한 것이 너무 어처구니가 없다. 하지만 5년째부터는 하루 30cm씩 자란다. 그렇게 6주가 되면서 무려 15~25m로 까지 자라서 울창한 대나무 숲을 이룬다.

그런데 모소대나무는 4년 동안 3cm의 모죽의 형태로 있으면서 땅 밑으로 뿌리를 10리, 즉 4km를 내린다고 한다. 그리고 6주 만에

폭발적인 성장으로 15~25m까지 자라나는 것이다. 4년의 인내와 고통의 세월, 모르기는 해도 따스한 볕과 싱그러운 바람이 간절했을 것이다. 얼른 싹을 틔워 잎을 새기고 촘촘 하늘을 일구고 싶은 욕망도 있었을 것이다. 그러나 뿌리가 깊지 않으면 일반 대나무 정도의 크기로 밖에 자라지 못한다.

우리도 꿈이라는 씨앗을 뿌리면서 싹 트기를 기다려야 한다. 모소대나무처럼 4년이 되어도 싹이 트지 않아 절망할 때가 있을 것이다. 꿈, 원하는 게 이루어지지 않을 때는 포기하고 싶은 마음이 들 수도 있다. 그렇지만 모소대나무처럼 오랜 시간 동안 뿌리를 내리고 인내하고 싹을 틔울 줄 알아야 한다. 힘들 때는 눈에 띄지 않게 자라는 모소대나무의 삶에서 희망을 배워야 한다. 인내와 고통 속에서 일군 뿌리는 최고의 크기를 자랑하게 된다.

맛있는 김치가 만들어지기 위해서는 배추가 다섯 번이나 죽어야 한다고 한다. 땅에서 뽑힐 때 한 번 죽고, 배추통이 갈라지면서 또 죽고, 소금에 절여질 때 다시 죽고, 매운 고추와 짠 젓갈에 범벅돼서 또 다시 죽고, 마지막으로 장독에 담겨 땅에 묻히면서 죽어야 비로소 제대로 된 김치 맛을 낼 수 있다고 한다. 직장에서 직업을 만들려면 김치처럼 우리의 경력도 숙성시켜 풍부한 내공이 우러나야 한다.

직장인은 도광양회 전략으로 경력관리를 철저하게 해야 한다. 구천의 20년의 와신상담에 의한 복수는 도광양회의 정신으로 일궈낸 것이다. 맛있는 김치가 만들어지듯이 직장인은 자기 자신을 낮추고 겸양의 자세로 회사의 경력관리 프로그램을 잘 활용해야 한다. 그리고 N잡러로서 미래의 일거리를 탐색해야 한다.

어느 임원의 회한

김철수 상무는 대기업에서 근무하다 중견기업으로 스카우트되어서 성공적인 직장생활을 했다. 회사 대표의 적극적인 지원을 받으면서 매년 엄청난 매출신장을 기록했다. 사십대 중반에 임원으로 승진하고 5년간 승승장구 했다. 그러다가 회사의 경영악화로 워크아웃을 하게 되었다. 20년간 회사에 헌신하고 몰입하느라 건강을 돌보지 못해서 스스로 퇴사를 했다.

어느 정도 몸을 추스르고 보니 아침에 일어나는데 갈 데가 없었다. 그래서 도서관으로 6개월간 출근을 했다. 그리고 그 사이 생활비를 걱정하는 처지가 되었다. 용인에 있는 아파트의 대출 원금과 이자의 압박, 자녀 교육비, 생활비 등 생계에 위협을 느끼게 되었다.

김 상무는 재취업을 하기 위해 많은 곳에 이력서를 제출했는데 연락이 없었다. 그 이유는 오십대(54세)라 효용가치가 없었다. 한마디로 쓰레기 취급을 당했다. 자신만만했던 김 상무는 무엇을 해야 할지, 무엇을 해야 하는지 막막하더라는 것이다. 그 누구보다 열심히 살았고, 직장에서 물불가리지 않고 최선을 다했는데 내일이 보이지 않는다. 그렇게 점점 초라해지는 자기 모습을 보면서 속으로 회한의 눈물을 흘리고 있다.

회사를 위해 몸 바쳐 일했는데, 충성을 다했는데 회사가 권고사직을 한다. 그런데 현실은 오갈 데 없는 처지가 되었다. 어찌 못하는 현실에 뒤늦은 후회가 엄습하고 있다. 결국 자신이 경력관리를 못했다는 실수에 좌절하고 있다.

첫 번째 실수는 나를 너무 소홀히 했다. 나를 소홀히 한 것이 가장 큰 문제였다. 중간에 충격을 받았더라면 하는 아쉬움이 남는다. 이렇게 수직 낙하할 줄 몰랐다. 두 번째 실수는 어떻게든 되겠지 하는 막연한 미래의 추상성이 큰 실수였다. 그래서 직장에 재직하고 있는 직장인에게 자신과 같은 실수를 하면 안 된다는 생각에 몇 가지를 제시해본다,

잠자리에 들기 전에 10분 정도 미래에 대한 생각을 정리하면서 메모를 하면 좋겠다.

🔍 잠자리에 들기 전에 10분 정도 미래에 대한 생각을 정리

❶ 자신의 미래

퇴직 후에 대해서 자신이 바라는 삶이 무엇인지 생각해보아야 한다. 그리고 자신을 설레게 하는 그 무엇을 생각하고 찾아야 한다.

❷ 재정적 자유를 위한 방법

당장 노력해야 할 것들을 정리해야 한다. 당장 아쉬운 것은 재취업이나 다른 진로를 모색하는데 필요한 최소한의 비자금, 즉 재정적 여유가 있었으면 하는 아쉬움이 있다.

❸ 퇴직이라는 미래를 생각

준비되지 않은 퇴직이라는 미래를 생각하면서 근본적인 문제가 무엇인가? 실마리가 될 단서가 무엇인가를 기술해 볼 필요가 있다. 실마리는 회사에서 근무하면서 전문성을 확보하는 것이다. 현실적으로 업무를 수행하면서 전문성을 확보하는 것이 쉽지는 않다. 그래도 자신의 전문성을 객관화할 필요는 있다. 객관화는 시장에서 통할 수 있는 전문성을 말한다. 정말 어려운 일이다.

정리한 내용을 그냥 루틴처럼 생각과 쓰기를 하다 보면 방법이 떠오르지 않을까 하는 생각이다.

직력과 마스터

한 우물을 파는 커리어 관리를 해서는 안된다.
조직에서 성장하고 조직에서 정년을 맞이하겠다는
커리어 관리가 아닌 커리어 파괴를 해야 한다.
미친 시대의 생존의 법칙은 자신을 해체해야 하기 때문이다.

필자

직력과 경력

장석주 시인의 대추 한 알이라는 시는 작은 대추 하나가 익고 둥글어지기까지의 과정을 통해 삶의 깊은 의미를 탐구한다. 대추가 붉어지고 둥글어지는 과정은 인내와 기다림의 가치이다. 눈에 보이지 않는 수많은 힘들이 작용하여 열매를 맺게 된다. 우리도 때로는 힘겹고 지루한 시간 속에서 의미를 찾지 못할 때가 있다. 그렇더라도 그 안에서 무언가 중요한 것이 자라고 있다는 것을 믿어야 한다. 대추가 붉게 익기까지 수많은 시간과 자연의 시련을 견뎌야 한다. 마찬가지로 우리의 삶에서도 크고 작은 고난, 인내가 쌓여야 비로소 완성된 모습에 도달할 수 있다. 시련, 고난, 인내가 쌓여야 남들에게 내세울 직력職歷이 된다. 그리고 경력이 된다.

〈대추 한알〉이라는 정석주의 시가 있다.

저게 저절로 붉어질 리는 없다.
저 안에 태풍 몇 개,
저 안에 천둥 몇 개,
저 안에 벼락 몇 개,
저 안에 번개 몇 개가 들어 있어서 붉게 익히는 것일 게다.
저게 혼자서 둥글어질 리는 없다.
저 안에 무서리 내리는 몇 밤...(중략)

마스터 송창식

경력Career이란 사람이 살면서 경험하는 학력이나 일 따위를 말한다. 생애에 걸쳐 직력을 형성해 가는 것이 경력의 본질이라고 할 수 있다. 직력이란 직무를 맡아온 경력을 말한다. 인생살이에는 살아가는 지혜가 필요하다. 그리고 지혜는 학교뿐만 아니라 어디서든지 배울 수 있다.

중장년이 즐겨보는 자연인이라는 프로그램이 있다. 대다수의 자연인은 몸이 불편해서 건강회복 때문에 자연에서 살고 있다. 그런데 그런 자연인 중에 훌륭하게 집을 짓고 사는 사람이 있다. 진행자가 어떻게 집을 지으셨냐고 물어 보면 과거에 건축이나 토목 현장에서 일을 했다고 한다. 어깨 너머로 배운 것이지만 아주 유용하게 기술을 써 먹고 있는 것을 볼 수 있다. 전 생애에 걸쳐 자신이 경험하거나 배운 직력, 경력을 보여주는 단적인 예라고 하겠다. 그리고 경력에서 스펙보다 내공이 중요하다는 것을 여실히 보여주는 단적인 예라고 할 수 있다.

TV에서 마스터 송창식을 방송했다. 필자는 평소에도 송창식이라는 가수를 좋아했다. 경찰공무원이었던 아버지는 6·25 전쟁 중 전사했고 어머니는 가출하여 불우한 어린 시절을 보냈다. 하지만 음악적 재능은 어릴 때부터 뛰어났다. 중학교 시절에는 경기 음악 콩쿠르에서 우승하기도 했다. 서울예고 성악과에 수석 입학했지만 가난으로 학업을 중단했다. 유명한 지휘자 금난새가 고등학교 동창이다. 금난새에 의하면 송창식은 대단한 천재였다고 기억을 한다.

젊은 시절 갈 곳이 없어서 노숙을 했다는 이야기에 경악을 금치 못했다. 노숙을 하면서 갈 곳이 마땅치 않아서 낮에는 홍익대학교

운동장에서 기타를 치고 놀았다. 그때 이상벽을 만나게 되고, 이상벽에 의해 세시봉에서 노래를 할 수 있었다. 세시봉에서 노래를 한 목적은 밥을 먹게 해준다고 해서 노래를 했다. 그리고 밤에는 세시봉 구석에서 잠을 자고 그렇게 숙식을 해결했다.

그리고 윤형주와 트윈폴리오라는 이름으로 세상에 이름을 알리게 되었다. 그룹 해체 후에 솔로로 데뷔해서 자신이 작사, 작곡한 수많은 노래를 히트시켰다. 〈하얀 손수건〉, 〈창밖에는 비오고요〉, 〈피리 부는 사나이〉, 〈한 번쯤〉, 〈맨 처음 고백〉, 〈고래사냥〉, 〈왜 불러〉, 〈꽃보다 귀한 여인〉, 〈담뱃가게 아가씨〉, 〈우리〉는 등 헤아릴 수 없을 정도로 수많은 히트곡을 발표하며 1970년대 가요계를 평정한다. 지금도 저작권료가 1년에 억대가 넘는다고 하니 아직도 많은 사람이 송창식의 노래를 좋아한다는 의미일 것이다.

많은 사람이 좋아하는 노래를 작사, 작곡할 수 있었던 실력은 일반인들이 경험하지 않았던 처절한 삶의 경험이 체화되고 내공이 되어 세상에 나타났기 때문일 것이다. 평소 생활한복을 즐겨 입고 기타를 메고 다니는 모습이 친숙하다. 밝은 미소와 낙천적인 성격으로 기인이나 도인 같은 분위기를 풍기는 사람이다.

80세 가까이 된 연세에도 한결같이 기초 발성연습을 하는 것을 보고 진정한 프로라고 생각이 된다. 방송 말미에 송창식은 60년 가까이 공연을 하면서 지금처럼 무대에 오르기 전에 긴장한 적이 없다고 한다. 그런 마스터, 신의 경지에 있는 송창식이 지금도 무대에

오르기 전에 긴장을 하는 이유는 프로가 실수를 하면 안 되기 때문
이라는 것이다. 진정한 프로의 모습이다. 방송을 보면서 진정한 이
시대의 거장, 마스터라는 생각이 든다. 필자도 오늘 송창식 마스터
같은 사람이 되겠다는 꿈을 꾸어본다.

크레이지 타임스

백세시대에 오래 사는 것이 축복이 되려면 일(노동)을 중심으로 인
생을 어떻게 살 것인가를 생각해 보아야 한다. 교육(학습) – 노동(일) –
은퇴의 획일적인 3단계 경력관리에서 유연한 다단계(다중) 경력관리
로 변화시켜야 한다. 직장은 직장인에게 평생직장이 아니다. 더 나아
가 지금 하고 있는 일도 평생 직업이 아니다. 이런 시대에 직장인은
다단계 경력관리를 통해 더 오래 일(노동)을 할 수 있도록 도모해야
한다.

왜냐하면 지금은 교육 – 직업활동(사업) – 직업활동(재취업) – 재교
육 – 직업활동(재취업) – 직업활동(파트타임) 등 다단계의 삶이 요구되어
지는 시대이기 때문이다. 그렇기 때문에 한 우물을 파는 커리어 관리
를 해서는 안 된다. 조직에서 성장하고 조직에서 정년을 맞이하겠다
는 커리어 관리가 아닌 커리어 파괴를 해야 한다. 미친 시대Crazy Times
의 생존의 법칙은 자신을 해체Self-caniballization해야 하기 때문이다.

40년 유효기간이 한 달

철이 없다, 철이 들었다는 말은 계절을 뜻하는 단어인 철에서 온 말이다. "저 사람은 철이 없어"라는 말은 나이에 맞지 않은 생각이나 행동을 했을 때 하는 말이다. 강의 중에 제가 만난 정년 퇴직자가 저에게 하소연 한 이야기가 있다.

나를 위한 시간, 나를 호강 한번 시켜주지 못하고 그렇게 열심히 치열하게 살았는데, 퇴직과 동시에 혼자가 되었다. 공고 졸업하고 생산현장에서 40년 살았는데 이제는 쉬어야겠다고 생각했는데 40년 유효기간이 고작 1달, 와이프가 "뭐 먹고 살려고 그렇게 놀고 있냐"라는 구박을 한다.

가족을 위해 평생, 40년을 고생했는데, 현실은 왕의 귀환이 아니다. 애물단지, 짐덩이가 된다는 것을 알아야 한다. 사람은 죽을 때까지 일할 수밖에 없는 운명을 타고 났다. 그리고 60에 정년퇴직하고 곧바로 은퇴하기에는 너무 많은 시간이 기다리고 있다. 이 행복한 정년 퇴직자는 백세시대에 세상이 어떻게 돌아가고 있는지 모르는 사람이다. 다시 말해 철없는 행동을 하고 있는 것이다.

네팔 사람들은 힌두교의 영향을 받아 인생을 100세로 설정하고 네 단계로 나눈다. 마치 인생의 4계절과 같다. 25세까지 삶을 봄이라고 하고, 50세까지 삶을 여름이라고 하고, 75세까지 삶을 가을이라고 하고, 100세까지 삶을 겨울이라고 한다. 25세까지 배우고 익히고, 50세까지 배우고 익힌 것을 활용하여 결혼도 하고 자신의 삶을 개척한다. 그리고 75세까지 자신의 삶을 돌아보고, 마지막으로 76세 이후의 삶을 자유의 시기라고 한다.

사람이 자신의 인생을 살면서 나이에 맞게 산다는 것이 쉽지는 않다. 직장인들은 학습→취업→결혼→출산→퇴직→은퇴로 이어지는 삶을 살다가 전환점을 맞이하게 된다. 그런데 대다수의 직장인들은 철이 없는 삶을 사는 것 같다. 왜냐하면 퇴직 후에 오는 인생의 시기, 인생의 철을 알지 못하기 때문이다.

직장인이 주된 직장에서 퇴사를 하게 되면 재취업을 하거나 창업을 해야 한다. 그러나 재취업은 현실적으로 어렵다. 재취업의 일자리도 비정규직이 많고 급여가 적다. 그로 인해 생활비가 부족해서 어쩔 수 없이 울며 겨자 먹기 식으로 창업에 내몰리게 된다. 창업은 90%가 실패를 하고 실버파산으로 연결된다. 그런데 그런 프로세스를 잘 모르는 것 같다.

그런데 직장인 10명 중 8명이 퇴직준비를 못한다. 어쩌면 안한다고 할 수도 있다. 그리고 백세시대에 운 좋게 60에 정년을 했다고 해도 바로 은퇴를 한다는 것은 너무 시간이 길다. 다시 말해 놀고 먹기에는 너무 시간이 길다.

자갈치 시장에서 식당을 하시는 할머니가 계시다. 고등어 정식을

　　　　　　　　　퇴직자들이 울고 있다

시키면 푸짐한 반찬과 맛깔스러운 고등어구이가 나온다. 식당 할머니는 팔십쯤 되어 보이시는데 아주 건강하시고 은퇴 걱정이 없는 분이시다. 전북 임실 두일마을에 가면 메주를 만드는 자매가 있다. 그 중 동생이 남편과 사별하고 고향에 내려와서 엄마의 메주 담그는 비법을 전수받고 있다. 언니가 뒤늦게 합류를 했다. 메주, 된장, 간장, 고추장을 담가서 판매를 하고 있다. 두 자매는 도시에서 무료함을 뒤로 하고 평생 일을 할 수 있는 터전을 만들어서 너무너무 행복하단다.

필자의 집 앞에 대성컴퓨터크리닝이라는 세탁소가 있다. 전북 진안이 고향인 사장님은 어린 나이에 서울로 상경을 했다. 고향 형님의 추천으로 양복점에 취업을 했다. 처음에는 심부름이나 청소를 하는 등 허드렛일을 하게 되었다. 그러면서 재단, 미싱, 가봉 등을 배웠고 양복이나 와이셔츠를 만드는 기술자가 되었다. 습득한 기술을 발판으로 양복점을 차려 많은 돈을 벌게 되었다. 그러나 양복이 맞춤에서 기성복으로 넘어가면서 가게를 접고 가락시장에서 과일장사, PC방 등을 운영했다.

그러다 세탁소를 차리게 되었다고 한다. 사장님은 70이라는 나이가 무색하게 왕성하게 일을 하고 있다. 그러면서 자랑을 한다. 나는 정년이 없다. 힘이 있는 한 세탁소를 운영할 것이라고 말한다. 동네 세탁소 사장님은 직력과 경력이 풍부한 진정한 마스터인 것 같다.

외출을 할 때마다 세탁소 사장님을 보게 되는데 부럽기가 그지없다.

퇴직자들 중에 안정적으로 일자리를 확보하고 안정적인 수입을 담보하는 하는 사람들이 있다. 그런 직업이란 세탁소, 도배, 철물점, 집수리, 공인중개사, 화원, 개인택시 등의 일자리이다.

이런 일자리들의 공통점은 대단한 스펙이 없어도 된다. 그리고 이런 일자리는 유연한 다단계(다중) 경력관리가 필요하다는 것을 여실히 증명하는 것이라고 할 수 있다.

마스터 뱃사공

잔잔한 호수는 노련한 뱃사공을 만들지 못한다. 잔잔한 호수에서 노를 젓는 뱃사공은 테크닉과 노련함이 필요하지 않다. 마찬가지로 봉급쟁이의 즐거움만 만끽하는 직장인은 테크닉이나 노련함이 필요가 없다. 적당히 즐기고, 적당히 일을 하면 때가 되면 월급이 나온다. 그러나 지금은 상시 구조조정의 시대이다. 이런 미친 시대Crazy Times 의 직장인은 폭풍이 치는 바다, 격랑이 몰아치는 파도에서 노를 젓는 뱃사공처럼 다양한 테크닉과 노련함이 있어야 한다. 격랑의 파도에서 생존하려면 마스터 뱃사공이 되어야 한다.

필자는 강의 중에 가끔 교육생에게 질문을 받는다. "현직에서 오랫동안 있으려면 어떻게 해야 하는가"라는 질문을 받는다. 참 답하기가 어려운 질문이다. 많은 직장인이 오래도록 일하고 싶은 마음은 같을 것이다. 저의 대답은 불러주는 사람이 많으면 오래도록 현직에 서 있을 수 있다고 이야기한다.

이경규가 연예대상 공로상을 받을 때 말했던 수상소감이 새롭다. "박수칠 때 떠나라"라는 말이 있는데 그것은 미친 짓이다. 박수칠 때 왜 떠나는가? 나는 한 사람이라도 박수칠 때까지 버티겠다고 일 갈하는데 굉장히 공감을 했다. 젊을 때의 외모보다 60 중반의 외모 가 훨씬 멋있어 보이는 이경규의 모습에 진정한 마스터라는 아우라 가 느껴진다.

포털을 검색해 보니 이경규는 다양한 프로그램을 섭렵하면서 끊임없는 변신을 했다. 이경규 역시 불러주는 사람이 있기 때문에 현역에서 장수하고 오래 살아남는 것이라고 할 수 있다. 60이 넘은 최 민식, 한석규, 김상중 같은 대배우가 직계 후배들이다. 지금도 이경 규에게 깍듯하게 예의를 갖추는 것을 보면 이경규의 평소 행동을 엿볼 수 있을 것 같다.

불러주는 사람이 있으려면 평소에 밥을 잘 사야 한다. 왜냐하면 밥 한 그릇에 인생이 있고, 밥 한 그릇에 인심이 있기 때문이다.

배흘림기둥

사람은 아는 만큼 느낄 뿐이며, 느낀 만큼 보인다.
알면 곧 참으로 사랑하게 되고, 사랑하면 참으로 보게 되고,
볼 줄 알게 되면 모으게 되니 그것은 한갓 모으는 것은 아니다.

정조 때의 문장가 유한준

배흘림기둥에 서서

유한준의 글을 유홍준 교수가 《나의 문화유산 답사기》에서 "사랑하면 알게 되고, 알면 보이나니, 그때 보이는 것은 전과 같지 않으리라"라고 인용을 했다. 정말 맞는 말이다. 어떻게 하면 세상살이에 대한 지혜, 안목을 갖출 수 있을까? 이 막연한 물음에 대한 답은 다양한 학습과 다양한 경험에 의해서 내공을 쌓아야 한다. 사람은 아는 것만큼 느끼고 느낀 것만큼 볼 수 있기 때문이다. 그리고 자기가 보

지 못한 세상은 상상을 할 수가 없다.

우리나라의 인기 구기 종목에는 야구, 축구, 농구, 배구 등이 있다. 예를 들어 축구 경기를 TV로 시청한다고 가정하자. 그런데 그냥 축구경기를 보는 사람이 있고, 즐기는 사람이 있다. 그냥 보고 있는 사람은 공과 사람이 왔다 갔다 하는 정도의 영상을 보고 있는 것이다. 그런 반면에 축구를 즐기는 사람은 경기의 규칙을 안다. 오프사이드를 알고 파울의 종류도 안다. 그 하나하나에 흥분하고 열광한다. 그리고 선수들의 포지션에 의한 전술적인 움직임에 비평을 하거나 칭찬을 한다. 감독의 전술이 어떻다는 둥 그런 참견을 하면서 영상을 시청하니 열광을 하고 즐길 수 있는 것이다.

야구는 규칙이 많아서 복잡하다. 기본적으로 선수들 포지션을 이해해야 한다. 그래야 선수들의 역할을 보면서 한마디 거들 수 있다. 흔히 야구는 투수놀음이라고 한다. 직구, 커브, 슬라이더, 패스트 볼, 커브, 싱커 등 해설자나 아나운서가 아무리 설명을 해도 귀에 들어오지 않는다면 야구를 즐기는 것이 아니다. 그냥 시청하고 있는 것이다. 당연히 재미있을 수가 없고 열광할 수도 없다.

영주에 있는 부석사 무량수전 기둥은 배흘림기둥이다. 배흘림기둥의 아름다움을 보려면 배흘림기둥에 대한 지식을 갖고 있어야 한다. 흘림기둥은 기둥 위아래의 지름을 달리하는 것을 말한다. 모양에 따라 다시 배흘림기둥과 민흘림기둥으로 나뉜다. 배흘림은 민흘림과 함께 흘림기둥의 한 종류이다. 기둥의 입면 형태에 따른 것으로 흘림이 없는 기둥은 상하 직경이 같다.

흘림 없는 기둥은 살림집이나 부속채 등 작은 건물에 사용하고 규모가 크거나 궁궐 및 사찰과 같은 권위 건축에서는 보통 흘림기둥을 사용한다. 기둥 상부직경보다 하부직경을 크게 하여 사선으로 체감을 한 기둥을 민흘림기둥이라고 한다.

장독처럼 배부른 배흘림은 중간정도가 가장 직경이 크고 위와 아래로 갈수록 직경을 점차 줄여 만든 기둥으로 곡선의 체감을 갖는다. 배흘림에 대한 지식을 갖고 있어야 배흘림기둥의 아름다움을 볼 수가 있다. 사람은 아는 것만큼 느끼고, 느낀 것만큼 볼 수 있다. 정말 맞는 말이다.

자기가 보지 못한 세상은 절대로 상상할 수가 없다. 필자가 살아오면서 아니 살아낼수록 공감이 가고 맞는 말이다.

경력관리의 시작은 자기 자신을 아는 것에서부터 시작된다. 당신이 갖고 있는 능력을 알고 있는가? 무엇을 하고 싶은가? 무엇을 할 수 있는가? 그리고 나의 장점은 무엇인가, 나의 단점이 무엇인가를 파악해야 한다. 자신의 탤런트, 하고 싶은 것, 잘하는 것, 자신의 장점을 찾아야 한다. 그래야 인생이 설레게 된다. 직장인의 설렘은 경력관리에서 시작이 된다고 할 수 있다.

아주 옛날에 어떤 왕국에 무남독녀를 둔 임금이 있었다. 임금은 나이 들어 후사를 정해야 하는데 걱정이 한 가득이다. 고민을 하다 젊고 힘세고 영리한 사위를 얻어 후사를 책임지면 되겠다는 생각을 했다. '악어가 들끓는 강을 무사히 건너면 공주와 혼인을 하고 후일에 임금의 자리를 물려주겠다'라는 내용을 전국에 방을 붙였다. 그로인해 전국에서 내로라하는 역사들이 악어강을 건너고 공주와 결혼하겠다는 꿈을 갖고 몰려들었다. 호기롭게 몰려든 역사들이 차례대로 강에 뛰어 들었지만 강을 건너지 못하고 전부 악어에게 잡아먹혔다. 그렇게 시간이 흘러 저녁이 되었지만 성공하는 사람도 없고 도전하는 사람도 없게 되었다.

그리고 오랜 침묵의 시간이 흘러 왕의 근심이 깊어질 때 한 사람이 강에 뛰어들었다. 얼마나 날쌔고 민첩한지 악어가 달려 들면 날렵하게 피하고 무사히 악어강을 헤엄쳐 건넜다. 왕은 기뻐서 악어강을 건넌 역사를 불러 치하하고 공주와 혼인을 시켰다. 그러나 이 역사는 악어강을 건너는 시합에 참여할 마음은 전혀 없었다는 사실이다. 대회가 끝나는 분위기에 사람들이 흩어지면서 어떤 사람과 부딪치게 되어서 강에 빠지게 되었던 것이다. 그래서 어쩔 수 없이 살기위해서 악어가 덤벼들면 피하고 또 피하고 해서 성공을 한 것이다.

만약에 이 역사가 자신이 악어강을 건널 수 있는 능력을 갖고 있었다는 것을 알았다면 적극적으로 대회에 참여했을 것이다. 이 일화는 자신의 재능을 안다는 것이 결코 쉽지 않다는 것을 보여주는 것이다. 경력관리의 시작은 자신을 아는 것인데 자신을 안다는 것 그렇게 쉬운 일이 아니다.

"지혜란 자신의 한계를 인정하는 것이다"

_ 최인철《프레임》에서

쥐 두 마리에서 세상을 보다

초나라 상채 출신의 이사는 젊은 시절 지방 관청의 하급 관리로 일하고 있었다. 그는 관청 변소의 쥐들이 작고 좁은 더러운 변소에서 더러운 것을 먹다가 더러 사람이나 개가 가까이 다가오는 인기척이라도 나면 두려워 벌벌 떨고 놀라 달아나는 모습을 자주 지켜보았다. 그런데 창고의 쥐들은 크고 넓고 먹을거리가 가득 쌓인 창고에서 입에 맞는 것을 멋대로 넉넉하게 먹으면서 사람이나 개가 가까이 다가가도 안중에도 두지 않고 여유롭게 사는 것이 아닌가. 이 모습을 지켜보던 이사는 크게 탄식하며 이렇게 말했다.

"사람이 어리석고 궁색한 것과 현명하고 여유로운 것을 비유하자면 마치 변소의 쥐나 창고의 쥐와 같다."

자신이 처해 있는 환경과 처지에 따라 달라지는 것일 뿐이다. 이사는 변소의 쥐와 창고의 쥐에 비교해 사람의 가난함과 궁색함 그리고 부유함과 여유로움의 차이는 그 사람의 처지와 환경에 달려 있을

퇴직자들이 울고 있다

뿐이라는 사실을 깨우친 것이다.

사람이 가난하면 마치 변소의 쥐처럼 마음이 궁색해져서 평생 남의 눈치나 보며 비굴하게 살아야 한다. 그러나 부유한 사람은 마치 창고의 쥐처럼 마음이 넉넉하고 여유로워서 자신이 뜻한 대로 마음껏 살 수 있다.

세상에서 잘났다고 대접받는 사람과 못났다고 멸시당하는 사람의 차이는 그 사람의 재주와 재능과 지혜가 아니다. 그 사람이 어느 자리에 있고 어떤 처지에 놓여 있는가에 따라 달라질 뿐이라는 사실을 깨닫게 되었다.

그래서 이사는 즉시 아무런 미련 없이 지방 관청의 하급 관리를 내던졌다. 그리고 당대 최고의 학자였던 순자를 찾아가 천하를 다스리는 제왕의 기술을 배우고 익혔다. 이사가 제왕의 기술을 배우고 익힌 까닭이 있다. 그것은 오직 천하제일의 부귀와 권력을 거머쥐고 있는 제왕에게 유세해 중용되는 것이었다. 그리고 창고의 쥐처럼 권세와 부귀영화를 누리며 살겠다는데 뜻을 두었기 때문이다.

그래서 공부를 마친 이사는 자신의 고향인 초나라를 떠나기로 했다. 그리고 당시 가장 부유하고 강성한 나라였던 진나라의 제왕(훗날의 진시황)을 찾아가기로 결심하고 순자에게 작별인사를 드리러 갔다.

이때 역시 이사는 자신의 뜻을 이렇게 밝혔다. 사람으로서 가장 부끄럽게 여겨야 할 일은 지위가 낮은 것이고, 사람으로서 가장 슬퍼해야 할 일은 경제적으로 궁핍한 것이다. 오랜 세월 지위가 낮고 경제적으로 궁핍한 처지에 있으면서도, 부귀를 비난하고 이익과 영화를 미워하는 것은 스스로 아무 것도 하지 않는 것일 뿐이다.

화산짐꾼

EBS 휴먼다큐 〈길 위의 인생 벼랑 끝에 서다〉는 몇 해 전에 방영되었던 화산짐꾼 이야기이다. 중국 5대 악산 중에 가장 험난한 악산인 화산(華山)의 짐꾼들의 삶을 조명하고 있다. 짐꾼이 지고 있는 무게가 단지 눈에 보이는 짐꾸러미에만 있지 않다는 것을 보아야 한다. 수많은 관광객들은 화산의 아름다움을 빼어난 산세에서 찾지만, 짐꾼들에게는 삶의 외길일 수밖에 없다. 화산은 짐꾼들에게 고통과 좌절, 눈물과 희망으로 이어지는 세상에서 가장 가파른 인생의 벼랑이다.

약 20여 명의 짐꾼들이 험준한 화강암 산인 화산을 한번에 50~70kg의 짐, 많게는 130kg까지 짐을 지고 해발 2,100m가 넘는 준령을 5~6시간 걸려 짐을 옮긴다. 산 정상 휴게소에서 파는 생필품이나 생수, 보수를 위한 시멘트 등을 지고 올라가서 쓰레기를 지고 또 내려온다.

짐꾼들 중에는 양쯔센, 위엔 부부 짐꾼이 있다. 13년 동안 화산에서 짐꾼생활을 하고 있다. 이 부부는 하루 2회, 남편의 경우 많을 때는 4~5회 산 정상을 오가며 짐을 나른다.

퇴직자들이 울고 있다

130kg의 짐을 나르는 부부 짐꾼을 보는 관광객들이 안쓰러워서 묻는다. 고생이 많다. 한달에 얼마나 버는가? 고생에 비해 수입이 너무 형편이 없다. 관광객들의 표정에서 편하고 수입이 많은 일도 많은데라는 안타까움을 느낄 수가 있다. 킬로그램당 우리 돈 200원, 60~70kg 짐을 꼬박 5시간 걸려 배달한 요금이 13,000원이다. 이들 부부가 한 달 꼬박 번 돈이 우리 돈으로 40만 원 가량이다. 이들 부부에게는 목적이 있다. 자식에게는 짐꾼 직업을 물려주지 않겠다는 것이다.

이 다큐는 그들의 삶을 배경으로 묵직한 내레이션으로 끝맺는다. 짐꾼이 지고 있는 무게가 단지 눈에 보이는 짐꾸러미에만 있지 않다. 짐꾸러미 아래 한 발 한 발 내디딜 때마다 전해지는 어깨의 통증과 호수를 이루고도 남았을 땀. 노래조차 부르지 않으면 견딜 수 없을 것 같던 지독한 고독이 있다는 것을, 그리하여 이 모든 고갯길을 넘고서 비로소 행복해졌다는 것을 젊은이들에게 말해주고 싶었다는 것이다.

필자는 이런 생각을 해본다. 훨씬 편한 일이면서 훨씬 많은 돈을 벌 수 있는 직업도 많은데, 화산 짐꾼들은 좋은 일자리를 모르고 있지는 않은지 그저 안타까울 뿐이다. 어쩌면 황산의 짐꾼들은 다른 일거리를 모르기 때문에 변소의 쥐 같은 삶을 사는 것인지도 모른다.

우물 안의 개구리에게는 바다를 말해 줄 수 없다. 내가 보는 세상이 가장 크고, 자신이 알고 있는 세상이 가장 위대하다고 생각한다. 자신이 우물 속에서 보는 하늘이 전부라고 생각하는 사람에게는 진짜 하늘을 설명할 수 없다. 우물 속에 있는 개구리에게는 바다에 대하여 이야기해도 무슨 말인지 모른다. 왜냐하면 개구리는 자신이 살고 있는 우물이라는 공간에 갇혀 있기 때문이다. 또한, 한 여름만 살다가는 여름 곤충에게는 찬 얼음에 대해 이야기해도 못 알아듣는다. 다시 말하면, 편협한 사람에게는 진정한 도의 세계를 설명해 줄 수가 없다. 그 사람은 자신이 알고 있는 지식에 묶여 있기 때문이다.

우물 안 개구리 같은 퇴직자, 준비되지 않은 퇴직, 예기치 못한 퇴직을 당한 퇴직자들은 절벽에서 떨어지는 공포 그 자체일 것이다. 그런 퇴직자들과 황산 짐꾼들 그리고 변소의 쥐의 모습이 자꾸 오버랩 된다.

성공적인 경력 쌓기

바닷가에 매어둔 작은 고깃배 날마다 출렁거린다.
풍랑에 뒤집힐 때도 있다. 화사한 날을 기다리고 있다.
머얼리 노를 저어 나가서 헤밍웨이의 바다와 노인이 되어서
중얼거리려고 살아온 기적이 살아갈 기적이 된다고…(중략)

김종삼의 〈어부〉 중에서

살아온 기적이 살아갈 기적이 된다

살아온 기적이 살아갈 기적이 된다. 이 문장은 한 사람의 일생을 압축한 멋진 말이다. 매일매일 그리 찬란하진 않아도 평범하게, 무사히 살아가는 건 기적 같은 일이다. 하루도 그러한데 1년, 10년, 20년… 긴 세월동안 험한 세상을 헤치고 살아 온 것은 기적이라고 할 수 있다. 아니 기적이다. 우리는 항상 실패, 좌절, 고통과 함께 살아간다. 사람은 살면서, 살아내면서 치열하게 산다. 무엇을 해야 할지,

어떻게 살아야 할지 몰라서 우왕좌왕하기도 한다.

수많은 실수와 실패를 한다. 먹고 살기 위해 무엇인가를 했고 살아남기 위해 처절하게 버둥거렸다. 괜찮은 척, 센 척하며 살아내느라 힘들었다. 그게 삶이다. 그래서 때로는 사는 게 버겁고 힘들게 느껴질 때도 있다. 당장 겪고 있을 때는 견디기 어려울 만큼 힘들다. 그러나 고통스러운 일도 지내놓고 보면 그때 그곳에 나름의 이유와 의미가 있음을 깨닫게 된다. 그래도 그렇게 살아남았으니 그 살아온 힘, 살아낸 힘이 앞으로 살아갈 기적을 만들어 준다.

인생은 경험하는 것이다. 하루하루를 기적이라 여기며, 그 하루의 삶을 즐기며, 앞으로의 삶을 살아갈 일이다. 그래야 살아온 기적이 살아갈 기적이 되는 것이다. 그래서 지금까지 살아 온 많은 날 들이 있기에 앞으로 살아나갈 희망이 생기고 배짱이 생기는 것이다. 노련이란 단어는 늙을 로老자를 쓴다. 노자에는 노련하다는 의미가 있다. 오랜 세월의 경륜에서 오는 노하우가 있어야 노인이 되는 것이다. 노인은 노련한 경험의 결정체라고 할 수 있다. 그런 노인이 진정한 노인勞人이다. 그래서 CDPCareer Development Program가 필요한 것이다.

경력 쌓기 기회와 방법

첫째, 재미있는 일을 찾아라.

재미있는 일을 찾으려면 먼저 자신이 하고 싶은 것이 무엇인가? 자신이 남들보다 잘하는 것이 무엇인가? 자신의 장점이 무엇인가를 파악하고 찾는 것이 중요하다. 그러려면 자신의 열정과 기술을 확인해야 한다. 그리고 그것과 일치하는 분야와 직업을 탐색해야 한다. 남들보다 잘하고, 자신이 하고 싶은 일을 한다면 재미가 있을 것이다. 재미가 있다면 밤을 지새워서 일해도 신명이 날 것이다. 그런 신명이 열정이다. 그런 열정은 행복과 성공을 보장할 것이다. 그러므로 자신의 열정과 기술을 확인해야 한다.

둘째, 좋아하는 일을 찾아라.

자신이 하고 싶은 일, 하고 싶은 직업, 관심분야를 탐색해야 한다. 평생직업을 갖기 위해서는 내가 하고 싶은 일이 무엇이지를 알아야 한다. 그리고 그 직업에 필요한 기술이 무엇인지를 탐색해야 한다. 직장인은 언젠가는 퇴직한다. 그러므로 직장에 재직할 때 평생 직업을 탐색하고 평생 직업을 만들어야 한다.

그래서 직장에서 자신이 주도적으로 관심분야에 대한 탐색과 결정을 해야 한다. 회사에 입사해서 7~8년 동안 다양한 직무, TFT를 경험하는 것이 좋다. 그것이 직력職歷이 된다. 그것이 경력이다. 그러면서 자신의 경력목표를 탐색하고, 경력목표를 결정하고 경력계획을 작성해야 한다. 그리고 그 경력을 무림, 강호에서 통할 수 있는 내공으로 만들어야 한다. 경력목표를 평생 직업으로 만들기 위해서는 회사를 적극적으로 활용해야 한다. 전환배치 및 적극적인 TFT 참여를 통해 직업탐색의 기회를 잡아야 한다. 그리고 경력목표에 맞는 교육 정보를 수집하고 교육을 받아야 한다.

필자가 D그룹에서 비전 교육을 실시했을 때 만났던 박성종 인사팀장은 독특한 이력을 갖고 있었다. 20여 년 전에 그룹의 인사팀장이 계약직으로 있다는 것은 파격적인 일이었다. 박 팀장은 LG계열사에서 인사, 총무, 노무, 복지후생 등 인사, 총무 전반에 업무를 수행한 사람이었다. 한 업무를 수행해도 벅차다고 하는 것이 일반적인데 말이다. 거기다가 자기가 수행한 업무의 모든 내용을 기안부터 실행까지의 프로세스를 파일링하고 있었다.

그러면서 KPC, KMA, 인사관리협회 등에 인사, 총무, 노무, 복지후생 관련 세미나에 참석하고 있었다. 교육이 끝나면 세미나에 참석한 사람들과 교류를 통해 정보를 주고받는 노력을 했다. 결과적으로 업무향상을 위해 회사를 활용하고 인맥을 구축했다고 할 수가 있다.

그러던 중 D그룹 기획담당 임원이 박성종 씨를 인사팀장으로 스카우트하였다. 물론 D그룹 기획담당 임원은 세미나에서 만났던 사람들 중의 한 사람이다. 그런데 박 팀장은 계약직을 자청했다. 왜냐하면 언젠가는 프리랜서로 활동하고 싶어서 주 2일은 자신의 이름으로 활동하기 위해서였다. 회사 주변에 집까지 제공받고 스카우트되었으니 대단한 내공의 소유자이다.

셋째, 불러주는 사람 만들기다.

성공적인 경력을 쌓았다 하더라도 인맥이 없으면 잠재적인 직업 기회를 만들기 어렵다. 네트워크 및 빌드 관계는 성공적인 경력을 쌓는데 중요하다. 인맥을 만들고 관계를 구축함으로써 다양한 분야에서 성공적으로 경력을 쌓은 사람들로부터 통찰력을 얻을 수 있다.

새로운 직업의 기회는 자신을 추천해줄 사람이 있어야 한다. 그러므로 평소에 다양한 모임에 참여해야 한다. 특히 동업종, 이업종 교류에서 같은 직무를 하는 모임들이 있다. 그런 모임에 적극적으로 참여하면서 자신을 알릴 필요가 있다. 그리고 참여자들에게 자신이 수행하고 있는 프로젝트를 알린다거나 자신의 업무성과를 홍보할 필요가 있다.

그래서 모임에 참여하는 사람들에게 능력 있는 사람이라는 평가를 받아야 한다. 그렇게 하기 위해서는 자신이 갖고 있는 정보와 자료를 아낌없이 제공해야 한다. 가능하다면 물질적 지원도 아끼면 안 된다. 특히 명심해야 할 것은 단기간에 입소문이 나기는 어렵다. 그러므로 꾸준한 활동을 통해서 자신을 홍보해야 한다.

넷째, 자기계발 하기다.

자신이 추구하는 평생 직업을 갖기 위해서는 자신의 기술을 지속적으로 발전시키고 지식을 확장하는 자기계발이 중요하다. 강의를 듣고 워크숍에 참석하고 관련 책과 기사, 신문, 잡지를 읽는다. 이런 노력을 통해 최신 산업동향을 파악하고 자신을 발전시킬 수 있는 기회로 삼아야 한다. 자기계발의 방법은 신문 읽기, 잡지 훑기, 책 캐기, 내 돈 내고 교육에 참여하기도 좋은 방법이다.

그리고 다양한 사람과의 폭 넓은 교류가 중요하다. 자신의 커리어 패스를 위해 회사에서 선배나 동료, 후배에게 자문을 구하는 경우가 많다. 그러나 이들은 비전문가일 수밖에 없기 때문에 경력관리에 실질적인 도움이 되지 못한다. 그러므로 외부의 헤드헌터나 전문 컨설턴트와 교류하면서 자문을 구해야 한다. 주관적이 아닌 객관적인 자신의 전문성을 구축하려면 외부의 다양한 사람들과 어울려서 환경변화의 흐름과 정보를 수집하는 것도 중요하다. 그리고 가끔은 일상에서 탈출해서 세상과 교류를 하는 것도 좋다.

다섯째, 나의 브랜드 만들기다.

강력한 전문브랜드의 구축은 재취업 시장이나 창업에서 유리한 고지를 점할 수 있다.강력한 브랜드 구축은 네트워킹 구성, SNS 활동, 유튜브, 도서출판 등의 활동을 통해서도 가능하다. 특히 다양한 커리어 전문가, 헤드헌터와 멘토링 관계를 만들고 교류하면서 자문을 구하는 것도 좋은 방법이다.

그리고 자신의 전문성을 객관화시킬 필요가 있다. 전문성의 객관화란 자신의 이력서와 자기소개서를 헤드헌팅 회사에 제출해보는 것을 말한다. 꼭 이직을 하겠다는 것이 아니다. 단지 자신이 시장에서 판매가 될 수 있는지를 점검해보는 것이다. 여러 군데의 헤드헌팅 회사에 이력서와 자기소개서를 보냈을 때 반응이 없다면 자신의 전문성은 시장에서 판매될 수가 없는 것이다. 반대로 여러 군데에서 호응이 있고 면접을 보라는 요청이 있다면 시장에서 자신의 전문성이 검증됐다고 할 수 있다.

직장에서 오랜 시간을 근무하고도 이력서가 입사할 때의 포맷과 비슷한 사람들이 많다. 헤드헌터가 그동안 어떤 경력을 쌓았냐고 물어보면 어디서 근무했고, 어떤 직책을 맡았다는 대답을 한다. 그래서는 자신을 판매할 수가 없고 재취업이나 이직을 할 수가 없다.

자신의 이력서를 6개월이나 1년 단위로 업데이트하는 습관을 가져야 한다. 자신의 커리어로 성과나 참여한 프로젝트 등을 업데이트해야 한다. 자신의 경력을 일목요연하게 이력서에 정리해야 한다. 그리고 자신의 경력을 명확한 언어로 기술할 수 있어야 한다. 그래야 자신을 이직이나 재취업 시장에서 판매할 수가 있다. 그리고 자신의 전문성을 구축하려면 외부의 다양한 사람들과 어울려서 환경 변화의 흐름과 정보를 수집해야 한다.

필자가 이직을 도와준 몇 사람은 서울대 상대 출신이다(서울에서 상당히 멀리 떨어진 대학). 주된 직장에서 근무를 하다가 규모가 작은 회사로 이직을 하게 되면 현실적으로 적응하기가 쉽지 않다. 기업문화, 급여, 복지 수준, 텃세 등 때문에 안정적으로 근무하기가 쉽지 않다. 그래서 몇 개월 근무하다가 다른 직장으로 이직을 하게 된다. 필자가 이직을 도운 한 친구는 몇 개 회사를 옮겨 다니다 지금의 회사에서 적응을 하고 안정적으로 근무를 하고 있다.

오십 초반인 이 친구는 곧 임원승진을 할 것 같다. 그리고 정년까지는 무난히 근무할 수 있을 것 같다. 직장인이 재취업하기가 쉽지 않은데 이 친구가 몇 개의 회사를 옮길 수 있었던 비결은 잘 작성된 이력서 덕분이다. 필자가 보아도 잘 작성된 이력서가 강점이 되어 지금의 회사에 안착을 할 수가 있었다. 잘 작성된 이력서는 헤드헌터에게 선택을 받을 수가 있다.

여섯째, 적합한 기회 찾기다.

직장인의 적합한 기회란 퇴사의 시점, 이직이나 전직의 시점, 독립의 시점이라고 할 수 있다. 물론 지금 다니고 있는 직장에서 정년까지 근무하는 기회도 탐색할 수 있어야 한다. 자신이 추구하는 재취업이나 평생 직업에 필요한 기술, 지식, 관심사, 가치에 맞는 기회를 찾는 것이 필수적이다.

6개월이나 1년에 한 번씩 자신의 지식, 기술, 성과에 대한 이력서

퇴직자들이 울고 있다

를 작성하는 것이 중요하다. 자신이 추구하는 직업(재취업, 평생 직업)을 만들기 위해서는 지속적인 노력과 꾸준한 인내에 의한 성공적인 경력 쌓기가 중요하다. 그리고 노력과 인내는 충분한 보상이 따르기 마련이다.

자신의 역량과 지식, 기술을 파악하고 관심분야를 탐색하고 네트워킹을 하고, 기술을 개발하고 지식을 확장해서 강력한 전문브랜드를 구축해야 한다. 그리고 성공 가능성을 높일 수 있는 경력을 쌓아서 적절한 기회를 잡을 수 있어야 한다.

백세시대 경력관리

백세시대의 직장인은 다른 분야에 대한 상식과 포용력, 한계극복, 긍정적 마인드, 커뮤니케이션 스킬, 끊임없는 공부에 끊임없이 투자를 해야 한다. 필자는 매일 새로운 재능을 성장시키기 위해 노력하고 있다.

나이가 많아서 존경받기보다는 경험과 그것으로 얻은 지혜로 존경을 받아야 한다.

왜냐하면 살아 온 인생에 헛된 세월이 없기 때문이다. 무조건 나이로 셈하고 존중 받아야 한다는 생각보다는 나이에 맞는 행동과 모범이 필요하다는 생각이 필요하다. 그래야 살아온 기적이 살아갈 기

적이 되는 것이다.

가장 오래 산 사람은 나이가 많은 사람이 아니고 많은 경험을
한 사람이다.

_ 루소

퇴직자들이 울고 있다

회사 학교

어떤 일을 하건 어느 위치에 있건, 돈이 많건 적건,
남들로부터 인정을 받건 못 받건, 스스로 위축되거나 초라해 한다면
그것은 직무 유기다. 주인공은 주인공다워야 하고…

여훈, 《My friend, CREATIVITY!》에서

월급보다 중요한 것

회사를 위해 일하면 회사형 인간이 된다. 자신을 회사에 팔고 있
다고 생각하면 자신을 노예로 만드는 것이다. 하지만 자신을 위해 회
사를 무대로 활용하면 회사가 자신의 도구가 되는 것이다. 회사가 자
신을 위해 있다고 생각하면 회사는 자신이 주인공으로 출연하는 인생
극장의 무대가 된다. 그러므로 주인공답게 생각하고 행동해야 한다.
주인공이 주인공의 역할을 하지 못하면 직무를 유기하는 것이다.

톨스토이는 모든 사람은 한 권의 훌륭한 책을 쓸 수 있다고 했다. 직장생활은 자기가 주인공인 자신의 이야기를 쓰는 것이다. 그래서 행복하고 좋은 결말을 위해 주인공으로서 직장에서 자신의 이야기를 진행시켜야 한다. 직장인은 직장이라는 무대에서, 나를 위해 존재하는 무대에서 멋진 연기를 펼쳐야 한다.

회사에서 월급보다 더 중요한 것은 무엇일까? 직장인은 봉급쟁이, 월급쟁이라는 이름으로 회사에 다니면서 누릴 수 있는 즐거움이나 기쁨은 여러 가지가 있다. 정해진 날짜에 월급도 주고, 성과가 좋으면 성과금도 준다. 건강보험, 국민연금, 자녀 학자금까지 지원해주면서 큰 기쁨을 준다. 다양한 사람, 좋은 사람들과 사귈 수 있는 기회를 제공해준다. 다양한 교육프로그램과 자기계발의 기회를 제공해준다. 출장의 즐거움, 휴가의 즐거움, 점심 먹는 즐거움, 회식하는 즐거움 등 직장인이기 때문에 누릴 수 있는 즐거움이 헤아릴 수 없을 만큼 많다. 그래서 봉급쟁이가 좋다.

그러나 봉급쟁이의 즐거움을 만끽하고 있을 때 기둥뿌리 썩는 줄 모르고 자신의 경쟁력을 상실하고 있는지도 모른다. 그런데 직장을 언제까지 다닐 수 있을까? 직장인은 정년은 고사하고, 10년도 회사를 다니기 어려운 세상이다. 만약 회사에서 짤리면? 무엇을 하면서 먹고 살 수 있을까? 재취업을 해서 꼬박꼬박 월급을 받는 것은 쉽지 않을 듯하다. 생각만 해도 끔찍한 일이다. 직장인은 자의든 타의든 분명 언젠가는 직장에서 마지막이 있다. 하지만 어떻게 퇴사를 준비

퇴직자들이 울고 있다

해야 할지 모르겠다. 회사는 절대 개인에게 비전을 제시하지 않는다. 그 비전은 스스로 만들어야만 한다.

분명한 것은 회사에 있을 때 그 비전을 결정하고 역량, 내공을 만들어야 한다. 회사는 당신을 언젠가는 반드시 정리해고 한다. 그렇다고 직장인이 회사를 버릴 수 있을까? 먼저 회사를 배신할 것인가? 아니다. 그런 생각은 하수, 삼류들의 생각이다. 퇴사를 준비하기 위해서라도 회사에 충성해야 한다. 그리고 회사에 충성하면서 회사에서 많은 것을 배워야 한다. 그런 사람이 고수, 일류가 될 확률이 높다.

회사의 모든 업무는 사업 아이템이 될 수 있다. 그러므로 자기가 하고 있는 업무를 통해 고수가 되어야 한다. 일류가 되어야 한다. 자신의 업무와 관련된 TFT가 있으면 수단과 방법을 가리지 말고 적극적으로 참여해야 한다. 그리고 모든 것을 자신의 것으로 만들어야 한다. 더 나아가서 다른 업무와 관련된 TFT에도 적극적으로 참여하는 것도 중요하다. 왜냐하면 회사의 모든 업무는 미래의 사업 아이템이 될 수 있기 때문이다.

그리고 업무와 관련된 네트워크를 파악하고 구축해야 한다. 자신의 업무와 관련해서 외부 교류회, 카페 등에 가입해 인맥을 넓혀야 한다. 만약 대기업에 다닌다면 그것이 무기가 되어 많은 정보를 얻을 수 있을 것이다. 특히 새롭게 사업을 구상을 하고 있다면 갑의 사고, 갑의 태도를 버려야 한다. 이제부터 모든 회사 구성원을 갑으로 섬기는 연습을 해야 한다.이 모든 과정은 현직에 종사하고 있기 때문에 받을 수 있는 혜택이다.

　필자는 회장님에게 건의를 잘 못 했다가 코너에 몰린 적이 있다. 그로 인해 연거푸 승진탈락을 했다. 그 결과 후배가 먼저 승진해서 후배 밑에서 근무하게 되었다. 특히 월급 받는 날은 가슴에서 울화가 치밀어 정신이 혼란스러웠다. 내가 누군데 이런 수모와 모멸감을 느껴야 하는가?

　회사를 떼려치우고 싶은 마음이 굴뚝 같았다. 직장인이라면 누구나 경험하게 되는 상황일 것이다. 그런데 회사를 떼려치우고 싶어도 그 이후의 대안이 마땅치 않았다. 회사를 그만두면 회사에서 받던 급여를 벌기가 어렵다는 것을 알기 때문이었다. 다른 회사로 이직을 한다 해도 텃세를 이겨내기가 쉽지 않던 그런 시절이었다.

　그래서 술을 친구삼아 모멸감을 달랬다. 그런데 방황을 하면 할수록 더 혼란스럽고 생각이 정리되지 않았다. 그래서 며칠 휴가를 내고 생각을 정리하는 시간을 가졌다. 내가 회사를 떠나면 무엇을 해서 먹고 살 수 있을까? 사업, 장사, 이직 그런데 사업을 할 수 있는 자본이 없다. 다른 회사로 이직을 할까, 이직을 하더라도 텃세를 이길 자신이 없다. 그러면 어떻게 해야 하는가?

　그때 내가 세상에서 가장 잘하는 것이 무엇인가를 생각해보았다. 다른 사람과 경쟁에서 이긴다는 것도 아니고 그저 내가 잘할 수 있는 것이 무엇인가를 고민해 보았다. 그리고 내가 원하든 원하지 않든 세상에서 잘 할 수 있는 것이 회사에서 하던 일이라는 것을 알게 되었다. 잘하는 것인지는 모르겠지만 할 수 있는 것은 회사에서 하고 있는 업무였던 것이다.

회사를 선택할 때 회사를 알고 입사하는 경우는 그렇게 많지 않다. 그리고 자신의 적성과 하고 싶은 업무를 하기 보다는 회사에서 주어지는 업무를 하게 된다. 그렇게 맡은 업무를 수행하다 보면 그 업무가 세상에서 가장 잘하는 일이 된다. 평생 직업이 없는 시대에 회사에서 월급보다 더 중요한 것은 자신이 하고 싶은 아이템을 찾는 것이다.

회사라는 학교

지금은 대퇴사시대이다. 그래서 회사는 학교이어야 한다. 당연히 회사에서 모든 것을 배워야 한다. 작금의 직장인들은 성장과 커리어를 중요하게 생각하고 있다. 현재의 트렌드는 오래 다닐 수 있는 회사보다는 개인의 역량을 키울 수 있는 회사를 더 선호한다. 그래서 회사는 학교이어야만 한다. 그러므로 회사는 직원들에게 직무의 지식과 실무를 배울 수 있는 교육투자를 해야 한다. 회사는 새로운 트렌드와 기술의 등장으로 끊임없이 변화하는 환경에서 직원들의 커리어를 어떻게든 발전시켜야 한다. 회사의 성장을 위해서라도 회사는 배울 수 있는 좋은 학교 역할을 해야 한다.

직장인은 언젠가 주된 직장에서 퇴사를 하게 된다. 그리고 이직을 하거나 사업을 해야 한다. 그것이 직장인이 선택할 수 있는 미래의 길이다. 그리고 사업은 아이템, 아이템 네트워크, 자본, 관리역량 등이 있어야 한다. 그런데 사업 아이템을 만든다는 것은 여간 힘든 것이 아니다. 사업을 할 때 시행착오를 줄일 수 있는 가장 좋은 방법이 있다. 회사에서 경험했던 업무로 사업을 하면 상대적으로 성공할 확률이 높다.

사업은 자신이 기획과 마케팅, 영업, 회계, 관리 등을 모두 책임져야 한다는 것을 의미한다. 따라서 회사에서 다양한 직무경험을 쌓을 필요가 있다. 모든 것을 직접 경험할 수는 없겠지만, 간접적으로 당신에게 도움을 줄 수 있는 역량과 인맥 등을 얻을 수 있다. 이런 경험은 사업을 시작할 때 시행착오를 최소화할 수 있다.

그러므로 회사에서 많은 경험을 쌓아야 한다. 사업을 시작해서 비싼 인생의 수업료를 내지 않기 위해서는 지금 맡은 업무를 충실히 해야 한다. 업무를 통해 자신의 미래의 일에 필요한 것들을 현장 수업으로 배워야 한다. 직장은 학교와 달리 돈을 받으며 자신의 커리어를 쌓을 수가 있어서 좋다.

사업은 의지와 열정만으로는 되지 않는다. 사업을 하는데 필요한 요소와 기능이 무엇인지를 회사에서 업무를 통해 배워야 한다. 그리고 자신의 사업에서 각 요소를 어떤 방식으로 조직하고 운영해야 하

퇴직자들이 울고 있다

느지를 배워야 한다. 그리고 업무를 통해 사업기회를 탐색하고 결정해야 한다.

사업기회 통찰

사업기회의 핵심, 배경, 잠재고객, 접근방식 등을 통찰해야 한다. 자신이 생각하는 기회와 자신이 풀어갈 수 있는 기회를 포착하는 것이 사업의 시작점이 된다. 그리고 업무를 수행하는 과정에서 사업에 필요한 다양한 아이디어를 정리해야 한다. 왜냐하면 사업을 시작해서 궤도에 오를 때까지 수없이 만나게 될 난관과 장애를 돌파할 수 있는 구체적인 아이디어가 필요하기 때문이다.

그리고 사업에서 성공하려면 자신의 강점과 특성을 파악하는 것이 중요하다. 왜냐하면 사업은 과정보다 결과의 효율성이 더 중시되는 영역이기 때문이다. 자신의 강점이 발휘되고 자신의 특성이 유용하게 작용하는 방식으로 사업을 조직하고 운영할 수 있어야 한다. 그러면 더 빨리, 더 쉽게 성공에 접근할 가능성이 커진다.

필자는 한국컴퓨터가칭에서 대리역량 교육을 3일간 강의를 한 적이 있다. 그때 강 대리를 만났는데 예의 바르고, 붙임성 있고 리액션도 좋았던 매력적인 사람이다. 강 대리는 입사하면서 과장 승진할 때

독립을 하겠다는 목표를 설정했다고 한다. 그리고 2가지를 준비했다.

첫째, 회사업무를 완벽히 터득한다.

강 대리는 입사하면서 자기가 하는 업무를 통해 창업 아이템을 찾아서 창업하겠다는 목표를 설정했다. 물론 자기업무와 관련된 타 부서, 다른 직무에 대한 공부도 열심히 했다. 창업해서 성공할 수 있는 가장 좋은 방법은 자신이 가장 잘할 수 있는 것을 아이템으로 하면 된다. 그래야 치열한 경쟁에서 살아남을 수가 있다. 직장인이 가장 잘하는 것은 회사에서 하던 업무이다. 강 대리는 회사에서 배운 것을 가지고 창업을 하면 실패 리스크를 줄일 수 있다는 것을 알고 있었다.

둘째, 사내 네트워크에 투자를 했다.

사내 네트워크는 아이템 네트워크가 된다는 것을 강 대리는 알고 있었다. 그래서 강 대리는 입사 이래 받은 월급을 사내 인맥 만들기에 아낌없이 투자를 했다. 이런 투자는 누구나 할 수 있는 것이 아니다. 사업은 불러주는 사람이 있을 때 성공할 수가 있다.

밥을 잘 사야 인생이 달라진다. 밥 한 그릇에 세상이 있다는 것을 알아야 한다. 곳간에서 인심 나듯이 밥을 잘 사야 주변 사람들에게 인심을 얻을 수 있다. 그래야 불러주는 사람이 있게 된다. 사업은 불러주는 사람이 많아야 성공한다. 강 대리는 월급을 받아서 밥을 사는데 아낌없이 투자를 했다. 그렇게 아이템 네트워크를 구축했다. 지금은 강 대리가 아닌 강 사장은 성공한 사업가가 되어 있다.

강훈 대표는 회사에서 배운 것을 가지고 사업을 시작해서 성공을 했다. 강훈 대표는 1992년에 25세의 나이에 신세계에 입사를 했다. 1997년 스타벅스 프로젝트에 근무를 하면서 미국 스타벅스 본사에서 3개월간 교육을 받았다. 그런데 1998년 IMF가 오면서 신세계는 스타벅스 프로젝트팀을 해체하고 사업을 중지하게 되었다. 그래서 강훈 대표는 회사를 그만두고 할리스커피를 창업했다. 성공적으로 할리스커피를 키워서 2003년에 CJ플래너스에 매각을 했다.

그리고 5년간 바이오산업, 엔터테인먼트 사업을 했는데 실패라는 쓰라린 경험을 하게 된다. 그리고 카페베네에 본부장으로 입사를 해서 2년간 1,000개의 점포를 만들면서 커피왕 강훈이라는 전설이 되었다. 강훈 대표가 커피왕이라는 전설이 될 수 있었던 밑거름은 회사에서 배운 업무를 가지고 창업 아이템으로 했기 때문이다.

직장인은 회사에서 주어진 업무를 긍정적, 적극적으로 해야 한다. 왜? 회사는 학교이기 때문이다. 그것도 많은 돈을 받으면서 배울 수가 있다. 한국컴퓨터에서 근무했던 강 대리, 신세계에서 근무했던 강훈 대표는 회사에서 배웠던 업무를 가지고 독립을 했다. 다시 말해서 회사에서 하던 업무를 사업 아이템으로 해서 사업을 한 것이다. 회사가 학교라는 증거를 보여주는 것이라고 할 수 있다.

필자도 회사에서 힘들었던 시절 내가 세상에서 가장 잘하는 것이 무엇인가를 생각해 보았다. 결론은 세상에서 가장 잘하는 일은 회사에서 하고 있는 일이었다.

강의와 컨설팅이 내가 할 수 있는 일이었다. 그리고 컨설턴트라는 직업이 각광받는 직업이 된다는 것을 알게 되었다. 그래서 지금 회사에서 하고 있는 일을 나의 강점으로 만들어서 독립을 하겠다는 목표를 설정했다.

경력목표를 설정하기 전까지는 강의를 해도 회사 이름으로 강의를 했다. 그런데 독립하겠다는 목표를 설정하고부터는 마음속으로 내 이름으로 강의를 했다. 스스로 강의평가를 체크하고 평가를 겸허히 받아들여 결점과 단점을 보완하는 작업을 꾸준히 했다. 그리고 회장님께 사표를 냈을 때의 기분은 지금도 잊을 수가 없다. 유쾌, 통쾌, 상쾌 그 자체였다.

필자가 강의 및 컨설팅을 할 수 있었던 밑거름은 회사에서 배운 것들이다. 업무를 통해 연결된 기업의 담당자들과 네트워킹을 통해서 강의와 컨설팅을 하고 있다. 그리고 세월이 변하면서 기업교육의 패러다임이 많이 바뀌었다. 그래서 강사로서 그리고 컨설턴트로서 변신을 꽤하지 않으면 안 되게 되었다.

어떻게 변신을 할 것인가, 무엇을 가지고 변신을 해야 할 것인가를 항상 고민을 한다. 그런 변신의 밑거름은 지나온 나의 직력 그리고 경력이 기반이 되지 않으면 안 된다. 그래서 그런 직력과 경력을 기반으로 책을 집필하고 유튜버로서의 변신을 하고 있다.

회사에서 행복한 사람

걱정해서 걱정이 없어진다면, 걱정할 게 없겠네!

티베트 속담

제갈량과 홍타시

제갈량이 위나라 군대를 맞아 오장원 전투에서 최후의 일전을 겨룰 때였다. 행군을 하는 도중 거센 바람이 불어 군기가 꺾였다. 제갈량은 이를 불길한 징조로 받아들였다. 그리고 그는 전장에서 병을 얻었고, 백방으로 처방을 구했으나 효과를 보지 못한 채 세상을 뜨고 말았다.

그런데 비슷한 사건을 두고 전혀 다르게 반응해 승리를 거머쥔 사람이 있었다. 그 사람은 청나라 2대 왕인 홍타시이다. 명나라와 최후의 일전을 앞둔 아침에 홍타시의 밥상 다리가 갑자기 부러졌다.

퇴직자들이 울고 있다

상다리가 부러지면서 밥이며 국이며 모두 쏟아지고 말았다. 그리고 그것 때문에 홍타시는 아침을 거르게 되었다. 그러나 당대의 영웅이요, 천자의 기상을 타고 난 홍타시는 그 순간 무릎을 치며 이렇게 생각했다. 됐다! 이 싸움에선 이겼다! 오늘부터는 이런 나무 소반이 아니라 명나라 궁중에서 쓰는 금소반에 밥을 먹으라는 하늘의 계시다. 의기충천한 홍타시의 기상은 전군을 필승의 신념으로 뭉치게 하여 명나라 군대를 격파했고, 그로 하여금 중원을 손에 쥐게 하였다. 만약 홍타시가 생각을 달리하여 '불길하다. 오늘 싸움에서 질 것 같다'라고 생각했다면, 그 생각으로 인해 결국 몸의 에너지가 원활하게 작용하지 않아 승리를 일궈낼 수 없었을 것이다.

인간은 무한한 잠재 능력을 가지고 있으며, 자신의 신념에 따라 현실을 창조해 낸다. 같은 일을 접했을 때에도 이를 어떻게 받아들이느냐에 따라 전혀 다른 결과를 창출해 낸다.

긍정의 힘, 신념의 힘은 무섭다. 아무리 어려운 일이라도 된다고 믿으면 이루어진다. 그런데 되지 않는다고 생각하면 이루어지지 않는다.

긍정과 부정이 만드는 기적

비가 내리는 날은 나무가 먹을 수 있어서 좋고,

바람 부는 날은 먼지가 날아가 주어서 좋고

눈이 오는 날은 온 세상이 하얗게 되어서 좋고,

햇살 좋은 날은 젖은 마음 말려서 좋고

한가한 날은 쉬어가서 좋고,

바쁜 날은 시간이 잘 가서 좋다 말한다.

긍정적인 사람은 모든 조건에서 좋은 면을 바라본다.

_《지필문학》중

긍정적인 생각, 좋은 생각은 희망과 기쁨을 가져다준다. 아침에 집을 나설 때 오늘은 좋은 날, 오늘도 멋진 하루, 설레는 하루가 기대되는 날이라고 생각하면 하루가 즐겁다. 웃으면서 하루를 시작하면 좋다. 회사에서 상사나 동료를 만나면 먼저 밝은 미소를 띠면서 좋은 아침이라고 인사하자, 정말 그런 날은 행운이 가득한 그런 하루가 된다.

반대로 부정적인 생각은 자신을 우울하게 만들고 걱정거리만 가져다준다. 그런 날은 뭐든지 되는 일이 없다. 그래서 의욕도 없어진다. 찌푸린 얼굴로 집을 나서는 날은 하루 종일 우울해진다, 되는 일이 없다. 찌푸린 얼굴을 하거나 무표정인 얼굴을 하고 상사나 동료

퇴직자들이 울고 있다

를 만나면 상대방도 기분이 우울해질 것이다. 그런 날은 모두가 우울해지고 짜증나는 날이 된다.

삶의 모든 고민은 선택지가 줄어들었을 때 생겨나게 된다. 선택지가 줄면 운신의 폭이 좁아지기에 고민이 시작되는 것이다. 이럴 때 선택지를 늘릴 수 있는 좋은 방법이 있다. 바로 판을 바꾸거나 긍정적 사고를 하면 된다. 자신이 처한 제한적인 환경을 거부하고 전혀 다른 차원의 발상을 하게 되면 고민이 쉽게 풀릴 수도 있다.

우울하다는 것은 무엇인가 걱정거리가 있다는 뜻일 것이다. 걱정도 팔자라는 말이 있듯이, 일어나지도 않은 일을 미리 걱정할 필요는 없다. 걱정은 부정적인 생각이 근원일 것이다. 어쩌면 하루가 부정적인 생각과 긍정적인 생각의 싸움인 것 같기도 하다. 부정적인 생각보다는 긍정적인 생각이 살맛 날 것 같다.

아인슈타인은 인생을 사는 방법이 두 가지가 있다고 했다. 하나는 아무 기적도 없는 것처럼 사는 것이다. 그리고 다른 하나는 모든 게 기적인 것처럼 사는 것이라고 했다. 오늘도 웃으면서 흥타시처럼 긍정적으로 생각해야 한다. 그러면 오늘 하루도 기적이 이루어질 것이다.

예전에 친구가 사업에 실패를 하고 낮에는 퀵 배달을 저녁에는 대리운전을 했다. 그러다가 대리운전의 환경이 파악되고 난 후에는 대리운전만 했다. 그런 친구가 대리운전을 하는데 월 500~600만

원은 거뜬히 번다고 한다. 비결이 무엇이냐고 물어보니 오지나 외진 곳에 손님을 태우고 가면 상대적으로 단가도 비싸고 별도의 수고비도 준다. 그런데 중요한 것은 오지나 외진 곳에서 늦은 시간에 최소의 경비로 탈출을 하는 것이 노하우라고 한다. 그리고 지방으로 뛰는 경우도 가끔 있는데 되돌아올 때 손님을 만나는 노하우가 있어야 한다고 한다. 속사정은 자세히 모르지만 나름대로 대리운전의 노하우를 터득한 것 같다.

어느 날인가 술 한 잔 하고 대리를 불렀는데 대리기사는 사업에 실패하고 투잡, 쓰리잡을 뛰는 N잡러였다. 그래서 친구가 대리운전을 하는데 생각보다 많은 수입이 있다고 한다. 친구의 오지 탈출방법과 지방에서 손님을 잡는 요령을 대충 이야기해줬더니 제 친구를 꼭 소개시켜 달라고 한다. 그래서 친구 전화번호를 주고 대리기사에게 필자의 이야기를 하고 전화를 하라고 했다.

체육관에서 같이 운동하는 후배가 밤에 대리운전을 하는 친구가 있었다. 사업 실패 후에 낮에는 발레파킹을 하고 밤에는 대리운전을 했다. 그 후배에게 도움이 될까 해서 친구이야기를 했다. 친구가 대리운전을 하면서 500~600만 원을 번다고 하니까 "말도 안 되는 소리하지 마세요. 어떻게 그런 돈을 벌 수가 있어요." 하는 것이었다. 더 이상 무슨 말이 필요한가, 내 딴에는 후배가 안쓰러워서 도움을 주려고 했는데 괜히 민망하게 핀잔만 들었다.

두 친구의 사고는 긍정적 사고와 부정적 사고의 단적인 예를 보

퇴직자들이 울고 있다

여주는 것 같다. 체육관 후배는 아무 기적도 없는 것처럼 사는 사람이다. 반면에 대리기사는 모든 게 기적인 것처럼 사는 사람이라고 할 수 있다. 모르긴 몰라도 대리기사는 오늘도 기적인 것처럼 살 것이다.

사업가와 장사꾼

식당은 가끔은 까탈스러운 손님들이 있게 마련이다. 이런 손님은 시도 때도 없이 불러댄다. 국이 식었으니 따뜻한 것으로 바꾸어 달라, 반찬이 떨어졌으니 더 달라, 그러다 음식이 전반적으로 맛이 없다는 등 음식타박을 한다. 이런 어수선한 분위기에서 음식을 나르던 직원이 실수를 해서 들고 가던 음식판을 엎질러서 많은 그릇이 깨져 버렸다.

그랬을 때 여러분이 주인이라면 어떻게 반응을 하겠는가? 대다수의 사장님은 미간을 찌푸리거나 화를 내거나 호통을 칠 것이다. 심한 경우에 변상조치까지 하기도 한다. 이런 식당은 추가로 반찬을 시키면 특별한 반찬이 아닌데도 돈을 받을 수도 있는 식당이다.

반면에 어떤 사장님은 "괜찮아, 안 다쳤어, 큰일 날 뻔했네, 그만하기 다행이야"라고 직원을 먼저 걱정을 한다. 이런 식당에서는 주인이 테이블을 주시하면서 손님들이 반찬 그릇을 비우게 되면 반찬을 시키기도 전에 미리미리 챙겨주는 식당일 것이다.

전자의 반응을 하는 사장님은 장사꾼이라고 할 수 있다. 그리고 장사꾼은 까탈스러운 손님을 짜증으로 대하는 경우가 많다. 반면에 후자의 사장님은 사업가라고 할 수 있다. 그리고 사업가는 "그래요, 그렇군요! 앞으로 더 노력하겠습니다. 감사합니다"라고 웃으면서 대응을 할 것이다. 당연히 사업가가 돈을 벌게 되어 있다.

> 노(no)를 거꾸로 쓰면 전진을 의미하는 온(on)이 된다.
>
> _노먼 빈센트 필

사람을 괴롭히는 고질병에 점 하나 찍으면 고칠 병이 된다. 연약하고 작은 마음心에 굳건하고 당당한 신념의 막대기 하나만 꽂으면 무엇이든 반드시必 할 수 있다가 된다. 당신이 시도해 보지도 않고 불가능Impossible하다고 여기는 일이라도 점 하나를 찍으면, 나는 할 수 있습니다I'm possible가 된다.

꿈은 어느 곳에도 없다고 Dream is nowhere. 생각되는 인생이라도 단 한걸음의 띄어쓰기만으로 꿈은 바로 여기에 있다고Dream is now here. 말할 수 있는 인생으로 바뀌게 된다. 긍정과 부정은 당신의 마음에 있다. 당신의 마음은 불가능한 것도 한순간에 가능한 것으로 만들 수 있는 힘이 있다.

퇴직자들이 울고 있다

회사에서 성공하는 사람

직장인들은 직장을 축으로 삶을 영위하고 있다. 직장은 가족의 행복도 함께하고 있다.

에스전자는 십수만 명이 넘는 직원이 근무를 하고 있다. 많은 인원을 유지관리 즉 인적자원을 효율적으로 관리하는 것은 회사의 성공을 담보하는 중요한 요소이다. 그래서 에스전자는 많은 직원들이 회사에서 성공하도록 다양한 노력을 한다. 직원의 성공은 회사가 성장할 수 있는 근간이기 때문이다. 그리고 에스전자에서 성공한 사람들은 공통적인 특징이 있다. 주인의식과 긍정적 마인드를 갖고 있다. 상시 구조조정의 시대에 애사심, 주인의식이 어울리는 단어냐고 반문할 수도 있지만 말이다.

필자가 여러분에게 질문을 던져본다. 여러분은 아침에 웃으면서 출근하는가? 출근하면서 가슴을 뛰게 하는 설렘이 있는가? 같이 일하고 있는 상사나 동료를 만나는 즐거움에 출근을 하는가? 그러나 웃으면서, 설렘이 가득한 출근을 한다고 답하기가 쉽지 않을 것이다.

그래서 직장을 다니는 목적이 무엇인지 생각해 볼 필요가 있다. 직장을 다니는 목적은 먹고 살기 위해서 다니는 것이다. 돈 벌러 다니는 것이다. 가족의 행복을 위해 다니는 것이다. 물론 자아실현을 위해서 다니는 사람도 있을 수 있다. 그런데 많은 직장인이 회사를 위해서 다니는 것이라고 착각을 한다. 직장인은 직장을 위해서 다니는 것이 아니다. 자기 자신을 위해서 다니는 것이다. 가족의 행복을 위해서 회사를 다니는 것이다. 그래서 직장인들의 삶은 직장을 축으로 이루어지게 되는 것이다.

회사의 목적은 유지, 발전이다. 수익창출을 위해서 경영을 하는 것이다. 그런데 경영이 악화되면 회사의 생존을 위해 구조조정을 하게 된다. 어쩔 수 없어서 정리해고를 하게 된다. 그렇게 되면 많은 직원이 삶의 터전을 잃게 된다. 그러므로 직장인의 삶이 안정적으로 유지되려면 다니고 있는 회사가 안정적이고 지속적으로 성장해야 한다. 그리고 회사의 유지발전은 직장인에게 주어진 역할, 즉 업무성과를 극대화해야 가능하다. 그런데 자기에게 주어진 일을 알아서 하는 사람이 있고 시켜야 하는 사람이 있다.

일을 시켜서 하는 사람은 기분이 썩 유쾌하지는 않다. 괜히 구속당하는 것 같은 기분이 들 수도 있다. 반대로 일을 알아서 하는 사람, 찾아서 하는 사람은 일이 즐거울 수밖에 없다. 일의 성과를 극대화하기 위해 아이디어도 내고 적극적으로 일을 추진한다. 일을 시켜서 하는 사람은 타율적인 사람이라고 할 수 있다. 그리고 일을 알아서 찾아서 하는 사람은 자율적인 사람이다. 자율적인 사람은 긍정적인 사람이라고 할 수 있고 시켜서 하는 사람은 부정적인 사람이라고 할 수 있다. 필자는 긍정적이고 일을 알아서 하는 사람이 주인의식을 갖고 있는 사람이라고 생각한다.

자신을 위해서 다니는 직장, 먹고 살기 위해서 다니는 직장이라면 웃으면서 출근하고 긍정적으로 일을 해야 하는 것은 당연한 것이다. 그런 긍정적인 사람이 회사에서 성장하고 성공하게 되는 것이다. 자기 일을 알아서 하고 긍정적으로 하면 당연히 행복할 수밖에 없다. 그리고 회사에서 성공한 사람이 조직을 떠나 강호 무림에 나왔을 때 성공을 하게 된다. 다시 말해서 회사에서 성공한 사람이 회사를 떠나도 성공하게 되는 것이다.

그런데 현실은 많은 직장인이 회사를 떠나게 되면 대다수가 실패를 하게 된다. 결국 회사 밖에서의 성공과 실패는 회사에서 어떤 자세로 근무했느냐에 달려있다고 할 수 있다. 회사에서 성공하는 사람은 행복하다. 회사에서 성공하는 사람은 일을 알아서 하고, 찾아서 하기 때문에 미래의 일을 창출할 수 있다. 그런 사람이 회사에서 성공하고 행복한 사람이다. 그리고 회사에서 성공하는 직원이 많은 회사가 지속적으로 성장할 수가 있다.

chapter3

친구를
디자인하라

친구가 많으면
살길도 많다

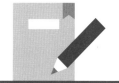

친구가 많으면 살길도 많다

그대 그런 사람을 가졌는가?

만리길 나서는 길 처자를 내맡기며 맘 놓고 갈 만한 사람

그 사람을 그대는 가졌는가?

온 세상 다 나를 버려 마음이 외로울 때에도

저 맘이야 하고 믿어지는 그 사람을 그대는 가졌는가?

탔던 배 꺼지는 시간구명대 서로 사양하며

너만은 제발 살아다오 할 그 사람을 그대는 가졌는가?

불의의 사형장에서 다 죽어도 너희 세상 빛을 위해

저만은 살려 두거라 일러 줄 그 사람을 그대는 가졌는가?···(중략)

함석헌

급난지붕

준비되지 않은 퇴직은 퇴직자에게 막막함, 답답함, 갑갑함 등으로 내몰리게 된다. 그때 찾아갈 곳이 없다. 갈 데가 없다. 오라는 데가 없다. 친구가 없다. 그 많던 친구들, 직장동료, 거래처 사람들, 희로애락을 같이 했던 그 사람들이 사라졌다. 막막함을 하소연 할 진정한 벗이 없다. 개똥도 약에 쓸려면 없다더니 정말 개똥도 없다. 급하고 어려울 때 도와주는 친구가 한 명도 없다. 불러주는 사람이 없다.

명심보감에 급난지붕急難之朋이라는 말이 나온다. 급急하고 어려울 難 때 힘이 되어주는 친구朋라는 뜻이다. 주식형제천개유酒食兄弟千個有, 술 먹고 밥 먹을 때 형, 동생 하는 친구는 천 명이나 있지만, 급난지붕일개무急難之朋一個無, 급하고 어려운데 막상 나를 도와주는 친구는 한 명도 없다. 정말 요즘 현실이 그러하기에 이 말이 더 실감나게 느껴진다. 대부분의 사람들이 좋을 때는 후하게 선심 쓰며 많은 배려를 해준다. 그러나 평소에 내 앞에서 그렇게 잘하던 사람이 내가 막상 큰 시련을 맞았을 때 나를 외면 한다면 마음속에 어떤 생각이 들까?

퇴직 후의 직장인들이 가장 당혹스러워하는 것이 있다. 그것은 그동안 알고 지냈던 사람들과의 관계, 즉 인간관계가 아주 빠른 시간에 재정리가 된다는 것이다. 대기업의 대표까지 지냈던 선배의 말씀이 새삼스러워진다. "그 많던 사람이 3개월 만에 정리가 되고 남는 것은 고향 친구 몇 명뿐이더라"라고 하던 말씀이 기억에 남는다.

창원에 있는 H중공업 연수원에 근무했던 친구의 이야기가 새삼스레 기억이 난다.

그 친구는 엄청나게 많은 교육예산을 집행하던 관리자였다. 기업

교육과 관련해서 종사하는 교육기관, 영업사원, 강사 등 무수히 많은 이해관계자가 자기와 술자리를 하기 위해서 줄을 서고 온갖 환심을 사기 위해 노력했다고 한다. 물론 마음에서 우러나서 도와준 사람도 꽤 있었다.

그런데 회사가 다른 기업에서 인수를 하게 되어 어쩔 수 없이 희망퇴직을 하게 되었다. 잠시 여유를 갖고 몇 달 쉬고 난 후에 그동안 도와줬다고 생각했던 사람들을 찾아다녔다. 그런데 거의 대부분의 사람들이 밥 한 그릇 사고는 모른 척 하더란다. 그때 깨달은 것이 있었다. 몇 달의 공백기 동안 진실한 인간관계가 무엇인지 확실히 재정리가 되었다. 그리고 정말 값진 시간이었다고 한다.

나의 친구들이 주식형제인지, 급난지붕인지, 또한 나는 그들에게 진정한 급난지붕인지 다시 한 번 곰곰이 생각해봐야 한다. 급할 때 찾아갈 수 있는 친구, 급난지붕은 평소에 내가 투자해서 만들어야 한다. 열매를 맺지 않는 꽃은 심지 말고, 의리가 없는 친구는 사귀지 말라는 말이 있다. 열매를 맺을 수 있는 친구인지를 알아볼 수 있는 혜안이 있어야 한다.

추사와 상적

세한도歲寒圖는 김정희추사가 1844년 제주도 유배지에서 수묵으로

만 간략하게 그린 사의체寫意體의 문인화이다.

추사에게는 사제간의 의리를 지키기 위해 두 차례나 북경으로부터 귀한 책을 구해다 준 역관인 이상적이라는 사람이 있었다. 세한도는 추사가 그의 인품을 날씨가 추워진 뒤에 제일 늦게 낙엽 지는 소나무와 잣나무의 지조에 비유하여 그려 준 것이다. 추사는 제자처럼 아끼던 역관인 이상적에게 세한도를 그려주었다. 그리고 이상적은 그림을 청나라에 가지고 가서 추사의 옛 친구를 비롯한 명사들의 글을 그림에 이어 붙인 저지에 받은 것이다.

급할 때 찾아갈 수 있는 사람, 그런 사람이 내 곁에 있다는 것은 쉽지 않다. 추사가 세한도를 그린 나이가 59세나 60세일 것이다. 지금의 나이로 치면 팔순이 넘은 진짜 노인이라고 할 수 있다. 특히 그 시절의 제주도는 가는 길도 험하고 자칫 잘못하면 목숨도 내놓아야 하는 아주 험한 뱃길이다.

인간관계는 주고받는 관계라고 할 수 있다. 그런데 여러분 같으면 미래를 담보할 수 없는 그것도 끈 떨어진 늙은이를 만나러 가겠는가? 그것도 목숨을 담보하는 험한 뱃길을 마다하지 않고 간다는 것은 결코 쉬운 일이 아니다. 정승집 개가 죽으면 조문객이 문전성시를 이룬다. 그런데 막상 정승이 죽으면 개미 새끼 한 마리 얼씬거리지 않는다.

그렇듯이 직장에 다닐 때 아주 살갑게 대해줬던 사람들도 막상 회사를 퇴직하면 아는 척이라도 해주는 사람이 손에 꼽을 정도이다.

필자는 세한도라는 그림의 아름다움이 부러운 것이 아니다. 끈 떨어지고 얻을 것 하나 없는 늙은 노인네에게 목숨을 담보하고 찾아오는 그런 친구가 있음이 부러울 뿐이다.

다개붕우, 다조로

중국 속담에 친구가 많으면 살길도 많다(다개붕우, 다조로多個朋友,多條路)라는 말이 있다. 친구 즉, 인맥이란 경쟁이 치열한 사회에서 성공하는데 중요한 자산이 된다. 살다보면 인생은 오르막이 있고 내리막이 있게 마련이다. 즉, 굴곡이 있게 마련이고 힘들 때가 있다. 직장인의 준비되지 않은 퇴직은 절벽에서 떨어지는 공포감보다 더 힘들 것이다.

몇 년 전에 읽었던 마케팅 전문가 케빈돔이 제안한 한 해를 정리하기 위한 다섯 가지5R, Reflect, Reconnect, Reposition, Relax, Recruit를 제시했다. 물론 필자도 힘들 때가 많다. 그럴 때 다섯 가지 5R을 유용하게 활용하고 있다. 이 글을 읽는 여러분들도 힘들 때 활용하면 상당히 도움이 될 것이다.

첫째, 반성하라Reflect.

퇴직자들이 울고 있다

자기 자신을 반성하는 것이다. 다시 말해 성찰하는 것이다. 고수들은 바둑을 두고 난 다음에 꼭 복기를 한다. 다음 승부를 위해서 승자는 승자대로, 패자는 패자대로 성공과 실패의 원인을 꼭 되짚어보고 분석한다. 마찬가지로 성공적인 체험과 실패 체험을 정리해보고, 성공과 실패의 직접적인 원인이 무엇인지, 어떤 교훈을 배울 수 있었는지를 조용히 반추해보고 복기하면서 정리해보는 것이다.

둘째, 중요한 사람 다시 연락하라Reconnect.

필자는 일이 잘 안되고 힘들 때 여러 가지 해결 방법을 생각한다. 그런데 매번 결론이 같다. 내가 알고 있는 사람, 특히 중요한 사람을 리스트 업하고 전화를 하게 된다. 그리고 도움을 요청한다. 그래서 힘든 고비를 넘기곤 했었다.

그동안 만났던 사람을 생각해보고 주고받은 명함을 정리하며, 그 사람과의 특별한 인연을 돌이켜 생각해보는 것이다. 언제 어디서 왜 만났으며 만남을 통해 받은 인상과 특별한 인연을 생각해보는 시간을 가짐으로써 인간관계의 새로운 맥을 형성해볼 수도 있다.

셋째, 이미지 전환을 하라Reposition.

자신의 위치, 자신이 하고 있는 일을 파악하고 재정리해보는 것도 중요하다. 오랜 세월 직장생활을 하다 보면 세상을 보는 시야가 편협되고 좁아질 수밖에 없다. 그로인해 사고가 점점 고착되고 자신도 모르게 고정관념에 사로잡히게 된다.

직장인의 운명은 언젠가는 다니던 직장을 떠나야 한다. 그때 가장 힘든 것이 편협된 시야, 고정관념 때문에 새로운 길을 찾기가 어렵다는 것이다. 세상에는 수많은 직업, 직종이 있다. 단지 내가 보지 못하고 알지 못할 뿐이다. 그래서 가끔은 자신의 일, 자신의 직업을 Reposition해 볼 필요가 있다.

넷째, 휴식을 취하라, 재충전을 하라Relax.

앞만 보고 달려온 인생, 자신에게 스스로 휴식을 주어야 한다. 마음의 여유를 가져야 한다. 바둑을 두다 보면 승부가 불리해질 때가 있다. 승부를 뒤집을 수 있는 전기를 마련해야 한다. 이럴 때 바둑판에 몰입하는 것보다 여유를 갖고 화장실을 다녀오거나, 잠시 여유를 갖고 일어나서 전체 바둑판을 보는 것도 좋다. 그동안 보지 못했던 묘수를 찾아낼 수가 있다.

구조조정, 정리해고, 희망퇴직을 하는 나이가 40대 중반에서 50대 초반인 경우가 대부분이다. 인생에서 한창 돈이 들어갈 연령대라고 할 수 있다. 자녀 교육비, 생활비, 아파트 대출이자 등 지출 항목은 줄서 있는데 수입이 없어지면 파산을 하게 된다는 조급한 마음이 생길 수밖에 없다. 다시 말해 마음의 여유가 없게 된다.

급할수록 돌아가라는 말이 있듯이 마음의 여유를 갖고 휴식을 취하는 것도 좋다. 그리고 여행을 떠나보는 것도 좋을 듯하다. 앞만 보고 달려온 인생 새로운 구상을 위해 몸과 마음을 쉬게 하는 것이다. 그냥 쉬는 것이다. 휴식은 또 다른 도약을 위한 발판을 마련하는 시간이다.

다섯째, 도움이 되는 사람에게 연락하라Recruit.

다섯 개의 알까기5R 중 도움이 되는 사람에게 연락하라Recruit가 가장 중요하다. 그런데 도움이 될 만한 사람이 없다. 바쁘게 살다보니 주변을 돌아 볼 시간이 없었다. 알고 지내는 사람들을 관리할 시간이 없었다. 아니 인간관계, 네트워크의 중요성을 몰랐다고 하는 것이 맞을지도 모른다. 도움이 될 수 있는 사람에게 연락하려면 먼저 중요한 사람, 아는 사람Reconnect이 있어야 한다.

필자는 다섯 개의 알까기5R를 항상 생각한다. 중요한 사람 다시 연락하라Reconnect를 생활화하고 있다. 친구 중에 대리운전을 하면서 가을철에 양양에서 송이장사를 하는 친구가 있다. 이 친구는 수시로 전화를 한다. 특별한 이슈가 있어서 전화를 하는 것이 아니고 안부 전화를 한다. 그래서 늘 가까이에 있는 듯한 착각을 준다. 그러다 어쩌다 급한 부탁을 하면 거절할 수 없게 만든다. 미워할 수 없는 친구이다. 이 친구가 중요한 사람 다시 연락하라Reconnect를 생활화하고 있는 친구라고 할 수 있다.

폭 넓은 교류, 다양한 네트워크를 관리한다는 것은 쉽지가 않다.

많은 시간과 노력 그리고 투자가 필요하다. 급할 때 찾아갈 수 있는 사람을 만들려면 지금부터라도 아는 사람한테 연락을 해야 한다. 사람에게 오는 기회는 알고 있는 친구들에 의해서 오게 된다. 친구가 많으면 살길도 많다는 것은 만고의 진리이다. 그 사람을 가졌는가? 급할 때 찾아갈 수 있는 사람을 지금부터라도 열심히 만들어야 한다. 그래야 은퇴하지 않고 현역에서 오래 살아남을 수 있다.

연락 안 하는 사람, 만나지 마라

여러분 주변에 내가 먼저 연락하지 않으면 절대 먼저 연락하지 않는 사람이 있을 것이다. 이런 사람들과의 관계를 유지하면 스트레스, 허무함, 섭섭함 등을 감내해야 한다.

첫째, 본인만 스트레스 받는다.

먼저, 연락이 없는 상대와의 관계는 대부분의 경우 나만 스트레스를 받게 된다. 상대방이 연락을 먼저 하지 않으면, 내가 모든 노력을 혼자서 하게 된다. 이런 상황에서는 자연스럽게 지치고, 그 관계에 회의감을 느끼게 된다. 특히 상대방은 연락을 중요하게 생각하지 않을 수도 있어서, 나는 혼자만 노력한다고 느끼게 된다. 이로 인해 억울하고 짜증이 나기도 한다. 결국 이런 관계는 내가 지칠 수밖에 없다.

둘째, 상대가 당신을 피하는 것일 수도 있다

연락이 오지 않는 이유는 다양하다. 원래 연락을 잘 하지 않는 성향일 수도 있다. 하지만 한 가지 분명한 것은, 만약 연락이 계속 오지 않는다면, 상대방이 나를 피하는 것일 수도 있다는 것이다. 인간은 필요할 때는 찾고, 필요하지 않을 때는 찾지 않는 경향이 있다. 여기서 말하는 필요는 금전적인 것뿐만 아니라, 정서적인 안정감, 일상의 무료함을 해소하기 위한 만남일 수도 있다. 경조사나 큰 일 말고도, 시시콜콜한 이야기나 뒷담화도 필요에 의한 연락에 포함된다. 만약 내가 생각하기에 친한 사람이 연락을 전혀 하지 않는다면, 그 사람은 나와의 만남을 피하고 있을 가능성이 크다.

셋째, 결국은 시간 낭비다

우리의 시간은 한정되어 있다. 연락이 오지 않는 사람들과의 관계를 유지하기 위해 소중한 시간을 낭비하는 것은 결국 우리 자신에게 손해이다. 연락이 오지 않는 사람 때문에 속상해하고 애를 쓰기보다는, 나 자신에게 더 많은 시간을 투자하는 것이 현명하다. 연락이 잘 안 되는 사람에게 계속 연락하려고 애쓰기보다는, 새로운 사람들과 소통하는 것이 노년을 행복하게 보내는 데 도움이 될 것이다.

연락이 오지 않는 사람과의 관계로 스트레스를 받기보다는, 나 자신에게 더 많은 시간을 투자하고, 새로운 사람들과의 관계를 만들어가는 것이 훨씬 더 중요하다.

연락 안 하는 사람, 만나지 마라!
당신이 꼭 알아야 할 인간관계의 진리다.

운칠기삼

도리에 맞게 하는 자는 도와주는 이가 많고,
도리에 어긋나게 하는 자는 도와주는 이가 적은 법이다

맹자

사람이 들고 나는 이치

사람이 들고 나는 이치는 아주 간단하다. 생각이 너그럽고 두터운 사람은 봄바람이 만물을 따뜻하게 기르는 것과 같아서, 모든 것이 이를 만나면 살아난다. 생각이 각박하고 냉혹한 사람은 북풍한설이 모든 것을 얼게 하는 것과 같아서 만물이 이를 만나면 죽게 된다. 사람은 따뜻하게 받아주고 품어주는 그런 사람을 따르게 된다. 찬바람 같은 사람 곁에는 그 누구도 가까이 하고 싶어 하지 않는다. 사람이 들고 나는 이치는 내가 그를 얼마나 포용하고 긍정했는지에 달려 있다.

사람이 드는 사람은 덕이 있는 사람이다. 학문이 있는 사람이다.
책에서 많은 것을 배운 사람이다. 교양이 있는 사람이란 시대에 맞는
지식이나 격식을 몸소 행하는 사람이라고 할 수 있다. 그리고 인생살
이에 있어서 누가 강자인가? 도와주는 사람이 많은 사람이 제일 강한
사람이다. 강한 사람은 힘이 센 사람도 아니고, 지위가 높은 사람도
아니다. 엄청난 부를 소유하거나 학력이 높은 사람은 더더욱 아니다.
세상에서 가장 강한 사람은 도와주는 사람이 많은 사람이다. 아무리
힘센 사람도 도와주는 사람이 많은 사람을 이기지 못한다.

> 도와주는 사람이 많은 사람이 제일 강한 사람이다. 강한 사람은
> 힘이 센 사람도 아니고, 지위가 높은 사람도 아니다. 엄청난 부
> 를 소유하거나 학력이 높은 사람도 아니다. 세상에서 가장 강한
> 사람은 도와주는 사람이 많은 사람이다. 아무리 힘센 사람도 도
> 와주는 사람이 많은 사람을 이기지 못한다.
>
> _ 박찬선, 《살아가는 기쁨》에서

운칠기삼

성공은 당신이 아는 사람을 통해 찾아온다. 성공은 당신이 아는

퇴직자들이 울고 있다

지식 덕분이 아니라, 당신이 아는 사람들과 그들에게 비춰지는 당신의 이미지를 통해 찾아온다.

_ 리 아이아코카

셀트리온의 서정진 회장은 사람이 성공하려면 운칠기삼 즉 운 70%, 능력 30%가 있어야 한다고 한다. 성공한 사람들의 능력은 평범한 사람들보다 뛰어나지 않고 엇비슷하다. 그래서 성공은 능력도 중요하지만 운이 많이 따라야 한다. 여기에서 운이란 복권에 당첨되는 그런 운이 아니라 알고 지내는 사람을 말한다. 성공은 알고 지내는 사람이 만들어 주는 것이라고 강조한다.

운은 어디에서 오는 걸까? 내가 통제할 수 없는 것이 운이라면, 운은 어디에서 오는 걸까? 인생을 살면서 내가 한 노력을 운이라고 말하지는 않는다. 그렇다면 운은 누가 가져다주는 걸까? 바로 질문 속에 답이 숨어 있다. 누가, 즉 사람이다. 운을 가져다주는 건 사람일 수밖에 없다.

당신이 직장을 잃었다고 가정해보자. 그리고 당신은 새로운 직장을 찾고 있다. 그러면, 당신은 어떤 경로를 통해 새로운 직장을 얻을 수 있을까?

1. 헤드헌터나 전문 직업알선 업체를 통해

2. 평소 아주 친하게 지내던 친구들을 통해

3. 취직 시험을 통해

4. 가끔 만난 업체 사람들을 통해

5. 신문이나 인터넷의 광고를 통해

직장을 잃었다는 것은 직장인에게는 사회적 죽음을 의미한다. 이 죽음에서 벗어나고자 사회적 부활을 꿈꾸는 사람은 재취업을 시도하게 된다. 헤드헌터를 찾거나, 전문 직업알선 업체를 찾거나, 취직 시험을 보는 것 등이 이런 예들이다. 이들을 통해서는 약 20% 정도의 취업성공 확률을 거둘 수 있다. 하지만, 우리가 평상시 알고 지내던 사람을 활용하면 약 56%의 성공을 올릴 수 있다.

결론적으로, 공식적인 경로가 아닌, 비공식적인 경로 즉 개인적인 연고를 통하는 것이 새로운 직장을 얻을 가능성이 3배가량 높다. 문제는 어떤 사람을 통해야 하는가이다. 좋은 친구처럼 자주 만난 사람을 통해서는 17%가 성공할 수 있고, 어쩌다 드물게 만난 사람을 통해서는 28%가 성공할 수 있고, 간혹 만난 사람을 통해서는 55%가 성공할 수 있다.

네트워크 과학에서는 자주 만난 사람을 강한 연결자, 그리고 간혹 만난 사람을 약한 연결자라 한다. 의외로 취업은 약한 연결자를 통해서 가장 잘 이어지고 있다. 이를 약한 연결의 강한 힘이라 한다.

퇴직자들이 울고 있다

직장인의 운은 자신과 같이 근무하고 있는 사람 즉 동료이다. 나의 옆에 있는 상사, 선배, 동료, 후배 그리고 나의 직무와 연결된 그 사람들이 나의 운이다. 내가 동료들에게 운이 되어주었을 때 그 동료들은 나의 운이 되어준다.

에스전자에는 신언서판身言書判을 인재관리의 기준으로 삼는다. 인재를 채용할 때나 승진을 시킬 때 신언서판을 기준으로 삼는다. 신身은 외모, 용모를 의미하는데 그 뜻은 예의와 범절을 말한다. 예의범절을 갖추고 있는 사람에게는 들고나는 사람이 많게 되어 있다. 이런 사람이 운이 있는 사람이다. 그리고 운은 자신이 알고 있는 사람을 통해 운이 오는 것이다. 내가 알고 있는 사람이 자신의 삶에 긍정적인 영향을 미칠 때 나에게 기회가 되고 그것이 운이다. 그런 사람이 나에게 운을 가져다 주는 사람이다. 운을 가져다 줄 수 있는 친구가 많으면 많을수록 더 많은 기회를 잡을 수가 있다.

비스듬히 기대어

개인의 성공은 사회적인 것이다. 프로축구, 농구 선수들은 굉장한 성공을 거두게 되면 다른 팀으로 엄청난 이적료와 연봉을 받고서 이적을 하게 된다. 그런데 이적을 하고 새로운 팀에서 성공을 거두는 선수가 있는 반면에 실패를 하는 선수도 있다. 그런데 화려한 각광을 받던 스타들이 한 순간에 기량을 잃게 되는 이유가 있다. 그것은 축구나 농구가 혼자 하는 것이 아니기 때문이다.

프로축구, 농구선수가 성공을 하려면 개인의 역량도 중요하지만, 동료들과의 사회적 관계가 훨씬 중요하다고 할 수 있다. 축구, 농구는 혼자 하는 것이 아니다. 주고 받는 패스에 의해서 하는 것이다. 더 많은 선수한테 패스를 받아야 한다. 그것도 더 좋은 패스를 더 많이 받아야 기회를 잡을 수 있고 성공을 할 수 있다. 결국 개인의 성공은 사회적인 것이다. 즉, 다른 사람과의 관계에 의존하고 있는 것이다. 이 말은 무엇을 아느냐가 중요한 것이 아니라 누구를 아느냐가 중요하다는 이야기이다. 많은 사람에게 희생과 배려를 베풀 때 더 많은 기회를 잡을 수가 있는 것이다.

생명은 그래요. 어디 기대지 않으면 살아갈 수 있나요? 공기에 기대고 서 있는 나무들 좀 보세요. 우리는 기대는 데가 많은데 기대는 게 맑기도 하고 흐리기도 하니 우리 또한 맑기도 흐리기도 하지요. 비스듬히 다른 비스듬히를 받치고 있는 이여.

_ 정현종

사람 인人의 한자를 보면 두 획이 비스듬히 서로에 기대고 있다. 꼭 그런 형태를 빗대어 만든 글자인지는 모르겠지만, 눈에 보이는 것은 어느 하나가 무너지면 다른 것도 쓰러지는 형상이다. 어쩌면

퇴직자들이 울고 있다

서로가 서로에게 기대어 살아가야 하는 우리네 인간들의 속성을 잘 파악해 낸 글자인지도 모른다.

비스듬히는 수평이나 수직이 되지 아니하고 한쪽으로 기운 듯하게란 뜻의 부사이다. 우리네 삶이 서로에게 기대어 있는 모습을 비스듬히란 단어로 압축하여 보여준다. 그리고 기대고 있는, 아니 기대게 해 준 것에 대한 고마움을 표한다. 마지막 행 "비스듬히 다른 비스듬히를 받치고 있는 이여"란 감탄은 어쩌면 서로가 서로에게 기대고 기댈 어깨를 내어주고 있는 우리 모두를 향한 예찬일지도 모른다. 오늘 문득 내가 기대고 있는 사람을 생각한다. 그도 내 어깨에 기대고 있을까를 생각해 본다.

사람만이 희망이다

희망찬 사람은 그 자신이 희망이다.
길 찾는 사람은 그 자신이 새 길이다.
참 좋은 사람은 그 자신이 이미 좋은 세상이다.
사람 속에 들어 있다. 사람에서 시작된다.
다시 사람만이 희망이다.

박노해의 시 〈다시〉 중에서

삶, 사람 그리고 관계

살다보면 삶이 꼬일 때가 있다. 준비되지 않은 퇴직, 예기치 못한 퇴직을 당한 직장인은 갈 데가 없다. 오라는 데도 없다. 친구도 없다. 그 많던 친구들이 신기루처럼 사라졌다. 오랜시간 동거동락했던 직장동료, 내가 도움을 주었던 거래처 사람들, 희로애락을 같이 했던 그 사람들이 사라졌다. 막막함을 하소연 할 벗이 없다. 개똥도 약에 쓰려면 없다고 하더니 정말 개똥도 없다. 정말로 절박한데 찾아 갈 친구가 없다. 왜 그런지 그 이유를 찾아야 한다. 갑질은 하지 않았는지, 배려심이 없었는지, 맨날 얻어먹기만 했는지 스스로 자문하고 반성해야 한다.

인생길에 사람이 길이 되기도 하고, 사람이 힘이 되기도 한다. 사람만이 희망이다. 사람과 함께 걸어가서 길을 만들고, 그 길을 나아가며 꿈을 꾸기도 한다. 지금 나의 진정한 희망인 사람을 생각해본다. 사람은 출생과 더불어 죽을 때까지 타인과의 관계 속에서 생활한다. 인간관계란 타인과의 상호작용을 통해서 이루어지는 사회화 과정이다. 효과적인 인간관계는 그 관계에 참여하는 개인들에게 매우 중요한 역할을 한다. 한 인간으로 생존하기 위해서는 인간관계를 잘 확립해야 한다.

인간관계, 네트워크라는 말처럼 많이 쓰이는 글자도 드물다. 많은 사람들이 살아가면서 또는 직장생활에서 가장 힘들고 어려운 것이 인간관계라고 한다. 그렇게 힘들고 어려운 것이 사람들과의 관계라고 한다면 살면서, 배우는 것 중에 가장 많은 시간을 투자해서 공부해야 하는 것이 인간관계에 대한 지혜에 대한 것이어야 한다. 그런데 내가 만난 사람들을 보면 인간관계의 지혜를 습득하는데 투자를 하는 사람이 거의 없다.

삶이란 글자는 '살다'라는 의미라고 한다. 그리고 사람의 줄임 말이다. 우리의 삶은 사람과의 만남에 의해서 살아간다는 의미일 것이다. 사람들이 일생을 살아가면서 경영하고 도모하는 일의 70%~80%가 사람과의 관계에 의해서 이루어진다. 필자가 살면서 느낀 것은 세상살이의 모든 것이 100%가 인간관계에 의해서 이루어진다고 해도 과언이 아닌 것 같다.

너와 나 그리고 우리 사이에 대한 깊은 이해가 성숙한 인간관계의 필수조건이라고 할 수 있다. 그리고 상대에 대한 이해와 배려는 인간관계의 밑거름이라고 할 수 있다. 인간관계에 대한 이해가 깊어지고 인간관계의 개선을 위한 실천적 노력이 이루어질 때, 우리의 인간관계는 바람직한 방향으로 변화할 것이다. 친밀하고 깊이 있는 인간관계는 저절로 이루어지는 것이 아니다. 인간관계에 대한 깊은 관심과 더불어 실제적인 노력과 훈련을 통해서 이루어지는 소중한 열매인 것이다.

희망찬 사람은 그 자신이 희망이다.
길 찾는 사람은 그 자신이 새 길이다.
참 좋은 사람은 그 자신이 이미 좋은 세상이다.
사람 속에 들어 있다.
사람에서 시작된다.
다시 사람만이 희망이다.

_박노해 〈다시〉 중에서

삼간 관계

우리는 사이에서 존재한다. 그리고 사이에서 죽는다. 그래서 우리는 생존의 3대 축인 3간間에서 산다. 인간人間, 시간時間, 공간空間에서 산다고 할 수 있다. 그중 인간이라는 단어는 사람 사이라는 의미이다. 아버지와 아들 사이, 남편과 아내 사이, 친구와 친구 사이, 연인 사이에서 존재한다. 그리고 사이에서 죽는다.

지금은 혼술(혼자 술을 마시는 것)을 하는 사람이 많다. 예전에는 상상도 못할 일이었다. 맥주는 개화기 때 서양에서 들어온 술이다. 그런데 한국에 들어오면서 그 병 크기가 배로 커졌다. 혼자서 자작을 하는 서양 사람과 반드시 서로 술을 따라주며 대작하는 한국인의 술 문화가 달랐기 때문이다. 혼자 마시든 여럿이서 마시든 서양 사람들의 술잔은 항상 자기 앞에 놓여 있다. 하지만 우리의 술잔은 너와 나 사이에 있다. 영어로 흥을 인터레스트라고 한다. 그것 역시 사이Inter에 존재한다est는 뜻이니 잔은 사이에 있어야 신명이 난다. 그런데 사이間는 실체가 없다. 그냥 추상이다. 눈에 보이지 않는다. 만져지지도 않는다. 그렇지만 많은 것이 사이에 존재한다.

사막에는 모래보다 더 많은 것이 있다. 모래와 모래 사이다.
사막에는 모래보다 모래와 모래 사이가 더 많다··(중략)
_ 이문재 〈사막〉 중에서

이문재의 시 〈사막〉은 사람과 사람 사이를 재발견하게 해주는 시라고 할 수 있다.

모래보다 더 많은 사이 그 사이는 사막에만 있는 것이 아니다. 어디에든 있다. 사람의 마음 사이에서 부터 광활한 우주의 사이까지 공간 사이가 없다면 무엇이든지 존재할 수가 없다. 어떤 것도 소유나 점유하지 않으면서 존재하는 사이, 사람도 사람 사이에서 존재한다.

사람과 사람 사이 즉, 너와 나 사이에 새로운 길을 낼 수도 있다. 그래서 희망이 생기고 희망이 있어 즐겁다. 황량하고 삭막한 모래사막은 바람이 불면 산이 되기도 한다. 그리고 바람이 불면 길이 되기도 한다. 그러나 사막의 다양한 형태를 만드는 것은 모래와 모래 사이의 틈새이다. 틈새의 구조에 따라 사막의 형태는 얼마든지 변한다. 그리고 너와 나의 틈 사이에 물이 흐를 수도 있다. 물이 흐른다는 것은 나무가 자라고 꽃이 피고 열매를 맺을 수 있다는 것이다. 너와 나 사이에 바람을 불어 넣어 보자! 그래서 너와 나 사이에 꽃을 피우고 열매를 맺게 해서 같이 먹어 보자.

인간은 무엇으로 움직이는가?

사람은 누구나 이기적이다. 사람은 누구나 다른 사람보다는 자기 자신에게 더 관심이 많다.

퇴직자들이 울고 있다

사람은 누구나 다른 사람들로부터 존경과 인정을 받고 싶어 한
다. 좋은 인간관계를 유지하고 싶다면 이 사실을 확실히 기억
하라.

_레스 기블린

이런 진리를 바꿀 수 있는 사람은 이 세상에 없다. 친구, 동료, 상
사 누구를 만나든 만나기 전에 이 진리를 되새기며 호흡을 가다듬는
습관을 길들여야 한다. 그러면 어떤 사람을 만나든 반드시 원하는
것을 얻게 될 것이고, 그 사람과 좋은 인간관계를 유지할 수 있을 것
이다.

자동차를 판매하는 세일즈맨은 모든 세상 사람이 모두 부자가 되
길 원한다. 그리고 장의사는 많은 사람들이 빨리 죽었으면 한다. 그
러나 자동차 영업사원이 좋은 사람이라고 할 수 없고 장의사가 나쁜
사람이라고 할 수 없다. 왜냐하면 자동차 영업사원은 모든 사람이
부자가 되어야 많은 돈을 벌 수 있다. 그리고 장의사는 많은 사람이
죽어야 돈을 벌 수 있기 때문이다. 선과 악이 아닌 세상살이에 있어
서 많은 관계에서 필요한 것은 사람이기 때문이다.

부모가 자식을 키울 때 노후에 대한 기대감이 없다면 거짓말일
것이다. 예를 들어 명절 때 많은 선물과 많은 용돈을 주는 자식이 이
쁠 수밖에 없다. 부모를 만나러 오면서 빈손으로 오거나 평소에는
전화 한 통 없는 자식이 자신이 힘들 때만 나타나서 도움을 요청한

다면 자식이 결코 이쁠 수는 없다.

전국시대 말기에 한나라의 공자로 태어난 한비자의 관계에 대한 지혜는 독특하다.

한비자는 우리에게 "사람의 마음을 움직이게 할 수 있는 것은 무엇일까?"라는 질문을 던진다.

그것은 애정도 아니고, 동정심도 아니고, 의리도 아니고, 인정도 아니다. 오직 한가지뿐이다. 사람은 이익에 의해서 움직이는 동물이다. 그리고 한비자는 이렇게 말한다. 뱀장어는 뱀과 닮았고, 누에는 애벌레와 닮았다. 뱀을 보면 누구나 깜짝 놀라고, 애벌레를 보면 누구나 소름끼쳐 한다.

그러나 어부는 손으로 뱀장어를 잡고, 여자는 손으로 누에를 만진다. 즉 이익이 될 것 같으면 누구나 용감한 사람이 된다는 것이다. 어찌 보면 인간관계를 현실적이고도 냉철하게 보는 사고인지도 모른다. 필자도 살면서 상인이 물건을 거래하는 것처럼 사람들과의 관계도 거래라는 생각이 든다.

사람들과의 관계는 주고받는 것이다. 일방적으로 주기만 한다거나, 일방적으로 받기만 해서는 관계가 지속되기 힘들다. 물론 주고받음의 대상은 여러 형태가 될 수 있다. 어찌 보면 인간은 철저한 이해관계에 의해서 인간관계가 이루어진다는 것을 명심해야 한다. 인간관계의 불편한 진실이다.

퇴직자들이 울고 있다

나이를 먹을수록 알고 지내는 사람이 대폭 줄어드는 이유는 주고받을 수 있는 것이 없어지기 때문일지도 모른다. 직장을 다닐 때는 어떤 형태로든 갑과 을의 관계가 성립이 된다. 다시 말해 본인들은 의식을 못하지만 주고받을 수 있는 무엇인가가 있기 때문에 많은 인간관계가 이루진다고 할 수 있다.

> 인간은 아버지의 죽음은 쉽게 잊어도, 재산상의 손실은 좀처럼 잊지 못한다. 그 어떤 일이 있더라도 타인의 재산에는 절대 손대지 말아야 한다. 인간이란 자기 재산의 손실은 좀체 잊지 못하는 존재이기 때문이다.
>
> _ 마키아벨리 《군주론》 17장 중에서

특히 퇴직과 동시에 많은 인간관계가 정리되고, 많은 사람에게 배신감을 느끼고 혼란스러울 수가 있다. 퇴직 이후의 인간관계는 내가 알고 지내는 사람에게 경제적이든, 재취업이든, 어떤 정보를 기대하든간에 갑이 아닌 을로서 부탁을 하게 된다. 그로 인해서 현직에 있는 사람들은 퇴직한 사람들에게 어떤 형태로든 부탁을 받게 된다. 그래서 퇴직자들과 만나기를 꺼리고 피하게 된다.

인간관계에서 명심 또 명심해야 할 것이 있다. "있을 때 잘해"라는 말이 있듯이 다른 사람에게 베풀 수 있는 자리, 즉 현직에 있을 때 베풀어야 한다. 그것이 그 어떤 저축보다도 값진 것이다. 다시 한 번 기억해야 한다. 사람은 아버지의 죽음은 쉽게 잊지만 재산상의 손실은 절대 잊지 못한다는 것을 명심해야 한다. 인간관계의 불편한 진실이고 실제이다.

아줌마 인맥

내 밥값은 내가 내고, 남의 밥값도 내가 내라.
남이 내주는 것을 당연하게 생각하지 말라.

탈무드

아줌마처럼 인맥을 만들어라

인맥이란 정보와 편의를 우선해서 주고받을 수 있는 사람들과의
긴밀한 관계이다.

뭔가를 부탁하면 상대가 성심성의껏 들어준다. 힘들고 외로울 때
마음 터놓고 이야기 할 수 있는 상대를 인맥이라고 할 수 있다. 그런
데 "개똥도 약에 쓰려면 없다"라는 속담이 있듯이, 정작 필요할 때
도움이 될 친구가 없다. 매일 아무런 불편 없이 살아갈 때는 사람을
알고 지낸다는 것의 중요성을 알지 못한다. 하지만 막상 자신에게

급한 사정이 생겨 다른 사람의 도움이 필요할 때에야 비로소 인맥이 얼마나 소중한 것인가를 뼈저리게 깨닫게 된다.

인맥관리는 기술이 아니라 습관이다. 인간관계는 씨 뿌리며 경작하는 것이지, 사냥하거나 갈취하는 기술이 아니다. 많은 사람들이 인맥을 중시하면서도 소홀히 하는 것이 바로 공감과 교감의 태도이다. 누구를 아느냐가 더 중요한 것은 알지만 정작 내 사람으로 만드는 습관을 익히고 지속하는 것에 대해선 무지하거나 무심하다. 그렇기 때문에 인맥관리는 기술이 아니라 습관이라고 할 수 있다. 그러므로 내 사람으로 만드는 인간관계는 반짝 효과를 발휘하는 일회성 기술이나 쇼가 아니다. 지속성을 가지고 끊임없이 투자하고 유지해야 하는 습관이 중요하다.

> 실력과 재능으로 사업에서 성공하는 것은 전투에서 승리하는 것이지만, 신뢰와 진실된 마음의 휴먼네트 워크를 구축하는 것은 전쟁에서 승리하는 것이다.
>
> _ 이병철

퇴직한 직장인에게 필요한 것이 다섯 가지가 있다고 하는 우스갯소리가 있다. 와이프, 집사람, 애들 엄마, 여편네, 부인이라고 한다. 필요한 다섯 가지 전부가 집사람밖에 없다. 그런데 남편들에게 절대적으로 필요한 집사람들도 필요한 것이 다섯 가지가 있다. 건강, 돈,

퇴직자들이 울고 있다

딸, 찜질방, 노래방이라고 한다. 그리고 부인들에게 필요 없는 한 가지는 남편, 서방이라고 한다. 웃어야 할지 울어야 할지 잘 모르겠다. 그런데 중요한 것은 퇴직한 직장인은 집사람한테 까지 환영받지 못하는 애물단지, 왕따라는 것이다.

요즘 주부들은 애들 키우고, 살림하고, 직장까지 다니는 멀티플레이어로 살아간다. 자녀들이 성장해서 엄마의 도움이 필요하지 않게 되면 아줌마들은 여유시간이 많이 생긴다. 이 여유를 즐기려고 하는데 난데없이 불청객이 나타난다. 바로 원수 같은 남편이다.

남자들은 직장 위주로 인맥을 형성하기에 정신없이 바쁘게 지내다가 퇴직하면 모든 인맥이 일시에 사라진다. 결국 믿을 건 가족뿐인데 그간 별로 대화를 안 해 봤으니 서먹할 뿐이다.

그런데 남자들은 용건이 없으면 사람들을 만나는 일에 서툴다. 남자들에게는 그냥 좋아서 만난다는 것은 있을 수 없는 일이다.

특히 퇴직 후의 백수인 상태에서 친구를 만나러 가는 것은 내키지 않는 일이다. 그리고 남자들은 그냥 만나서 실컷 수다를 떨고 온다는 것은 불가능하기 때문에 갈 곳이 없다. 그리고 만날 사람도 없다. 그래서 퇴직한 남편들이 가장 필요로 하는 것이 와이프, 집사람, 마누라, 애들 엄마, 여편네, 부인밖에 없다. 어쩔 수 없이 가을 젖은 낙엽처럼 마누라에게 착 들러붙게 된다.

우리의 씩씩한 부인, 여편네, 애들 엄마, 집사람은 동네 아줌마가 된다. 그 아줌마들은 남자들과 달리 모든 사람들하고 잘 어울리고, 잘 사귀고 친구가 된다. 아줌마들의 장점은 아줌마들끼리 어울릴 때, 남자들처럼 많은 비용이 들지 않는다. 그저 커피 한 잔 할 수 있는 정도의 여유만 있으면 된다.

주변의 이야기나 소소한 주제로 시간가는 줄 모르고 이야기를 쏟아낸다. 아줌마들은 사람들을 차별하지 않고 소통한다. 이웃이나 친목회, 자녀들의 엄마들과 동네 인맥을 엮어 나이가 들수록 더 바빠진다. 이제 애들 다 키워내고 동네 아줌마들과 삶의 여유를 즐기려고 하는데 난데없는 불청객인 원수 같은 남편이 나타나 같이 놀자고 발목을 잡는다.

지금 부터라도 실천하자. 아줌마들처럼, 다른 사람들을 차별하지 않고, 배려하고, 소통하면서 동네 아저씨 인맥을 만들어야 한다.

와이프에게 원수 같은 남편들 화이팅!

영식이와 삼식이

가을 젖은 낙엽은 땅에 착 달라붙어 싸리 빗자루로 쓸어도 쓸어도 악착같이 달라붙어 있어 치우기가 힘들다. 더군다나 간신히 쓸어 모은 낙엽은 태우려 해도 불도 잘 붙지 않고 잘 타지도 않는다. 젖은 낙엽을 일컬어 일본에서는 누레오치바라고 부르는데 퇴직을 한 50

대를 누레오치바라고 부른다. 이처럼 누레오치바는 치워버리고 싶지만 쉽게 치워지지 않는 존재를 의미한다. 그렇게 원수 같은 남편이 되는 것이다.

퇴직 후 집에만 있는 남편들은 애물단지, 골칫덩어리, 짐덩어리가 된다. 남편을 집에 두면 근심덩어리, 데리고 나가면 짐덩어리, 마주 않으면 원수덩어리, 혼자 내보내면 사고덩어리, 며느리에게 맡기면 구박덩어리라고 한다. 남편 얼굴만 봐도 가슴이 막히고 답답해지는 증상을 은퇴남편증후군이라고 한다. 남편증후군 증세로 고생하다가 결국 황혼이혼을 하는 경우도 많다.

퇴직한 남편들의 이름도 본래의 이름은 사라지고 몇 가지로 압축이 된다. 집에서 하루에 한 끼도 안 먹는 남편을 부를 때는 사랑스러운 영식씨라고 부른다. 하루에 한 끼를 먹는 남편을 부를 때는 귀여운 일식씨, 두 끼를 먹는 남편은 두식씨, 세끼를 챙겨먹는 사람을 삼식이 새끼. 세끼 먹고 간식까지 먹는 남편은 종간나 새끼라고 부른다. 그리고 아내의 전화에 귀를 기울이고, 어린아이처럼 아내 뒤만 졸졸 쫓아다닌다고 해서 바둑이라고 부르기도 한다.

사람마다 차이는 있겠지만 대개 50대가 되면 남자들은 가정에 귀환하게 된다. 문제는 부부가 서로 함께 있는 것에 익숙하지 않다는 것이다. 남편이 직장생활을 하면서 정신없이 밖으로 나도는 동안 아내는 자신만의 네트워크를 구축한다. 자녀의 친구들의 엄마 모임, 여고동창 모임, 동네아줌마 모임, 노래교실 모임, 동호회 등 자신이 편하게 만나고 즐겁게 지낼 수 있는 사람들을 거미줄처럼 형성하고 있다. 아줌마 인맥을 형성하고 있다.

필자의 집사람도 동네에서 다양한 휴먼네트워크, 아줌마 인맥을 구축하고 있다. 일주일에 한두 번은 모임에 참석하느라 바쁘게 지내고 있다. 그 덕에 혼자 저녁밥을 해먹거나 바깥에서 해결하는 경우가 많다. 왜냐하면 젖은 낙엽이 되면 안 되기 때문이다.

인맥관리 7계명

젊었을 때는 돈을 빌려서라도 좋은 인맥을 만들어야 한다. 물은 어떤 그릇에 담기느냐에 따라 모양이 달라지지만 사람은 어떤 친구를 만나느냐에 따라 운명이 바뀐다.

_ 히구치 히로타로(아사히 맥주 전회장)

좋은 인맥을 만드는데 필요한 7가지가 있다.

첫째는 품이다.

집을 장만할 때 현장답사를 많이 해야 한다. 즉 발품을 많이 팔아야 한다. 인맥 만들기도 누가 더 많이 더 오래 품을 파느냐에 달려 있다. 발품, 손품, 머리품을 아끼지 않고 열심히 실천하는 사람만이

퇴직자들이 울고 있다

좋은 인맥을 만들 수 있다.

둘째는 폼이다.

짧은 만남이 빈번한 사회에서 장기적인 관계로 발전되기 위해서는 좋은 이미지, 좋은 첫인상을 줄 수 있도록 자신을 가꾸야 한다. 폼은 결국 어울림이다. 때와 장소, 상황에 맞게 의상, 표정, 자세를 가꿔야 한다.

셋째는 판이다.

자신이 현재 속해 있는 판(사회, 조직, 네트워크 등)과 앞으로 가고자 하는 판에 대해 분석하고 이해할 수 있어야 한다.

넷째는 패이다.

다른 사람에게 보여 줄 수 있는 나의 브랜드, 나의 가치, 나의 능력이 있어야 한다. 인간관계는 거래다. 거래가 성사되려면 거래를 성사시킬 수 있는 패가 있어야 한다.

다섯째는 편Fun이다.

만남은 즐겁고 유익해야 한다. 일적으로나 정신적으로 즐겁고 생산적인 만남이 되려면 상대에게 즐거움을 줄 수 있어야 한다. 적절하게 구사할 수 있는 유머감각은 상대에게 즐거움을 줄 수가 있다. 그리고 그 즐거움은 다음에 또 만났으면 하는 기대감을 줄 수가 있다.

여섯째는 필Feel이다.

상대에게 공감하지 못하면 인간관계는 가까워지지 않는다. 말이 통하고, 느낌이 통하고, 생각이 통하고 마음이 통해야 만남이 즐거울 수가 있다.

일곱째는 편이다.

내 편을 만들지 말고 먼저 상대방의 편이 되어야 한다. 네 편이 되어 주지 않으면 결코 내 편이 되지 않는 것이 사람의 마음이다.

미국의 카네기 공대 졸업생을 추적 조사한 결과 성공하는 데 전문적인 지식이나 기술은 15% 밖에 영향을 주지 않았으며, 85%가 인간관계였다. 그들은 특히 세 가지 방문 즉, 입 방문, 손 방문 그리고 발 방문을 잘했다.

입의 방문은 전화나 말로 사람의 마음을 부드럽게 하며 칭찬하고 용기를 주는 방문이다.

손의 방문은 편지e-mail를 써서 사랑하는 진솔한 마음을 전달하는 것이다.

발의 방문은 상대가 병들었거나 어려움에 처해 있을 때 찾아가는 것을 의미한다. 특히 인맥 만들기에서 무엇보다 중요한 것은 품이다.

좋은 인맥을 만들기 위해서는 열심히 머리 품, 손 품, 발 품을 팔아야 한다. 그렇게 인간관계에 감동을 주는 사람은 오랫동안 기억에 남는다.

네트워킹 전략

성공은 당신이 아는 지식 덕분이 아니라,
당신이 아는 사람들과 그들에게 비춰지는
당신의 이미지를 통해 찾아온다.

리 아이아코카(크라이슬러 전 회장)

울새와 박새

사람이 온다는 건 실은 어마어마한 일이다.
그는 그의 과거와 현재와 그리고 그의 미래와 함께 오기 때문이다.
한 사람의 일생이 오기 때문이다··(중략)

_ 정현종의 〈방문객〉 중에서

요즘은 사람을 믿기 어렵다. 그런 세상이 되었다. 사람을 믿는 것도 힘들고 그만큼 사람과의 관계도 가벼워졌다. 정현종 시인의 〈방문객〉은 요즘 같이 인간관계가 가벼운 세상에 인간관계에 관한 묵직한 진리를 하나 던져준다. 나에게 내가 중요한 만큼, 다른 사람도 그의 인생에서 자신이 중요하다. 내가 만나는 한 사람 한 사람이 모두 소중한 사람이고, 그들에게도 나못지 않은 슬픔과 아픔, 사연들이 있을 것이다.

그들이 나에게 올 때는 그 상처들을 모두 짊어지고 오는 것이다. 그리고 앞으로 어떤 일이 생길지 모를 불안감을 안고 나에게 오는 것이다. 나는 이때까지 내가 상처받지 않기 위해 피상적인 인간관계를 힘겹게 이어왔다. 이제 다가오는 이들의 과거를 끌어안고 함께 미래를 만들어가는 인간관계를 이어 나가야 한다. 방문객으로 맞아같이 서로의 상처를 치료해주고 함께 미래를 그려갈 친구로 만들어야 한다. 그래서 사람이 온다는 건 실은 어마어마한 일이다.

의학과 심리학 분야에서 재미있는 연구보고가 있다. 좋은 사회적 네트워크를 유지하는 사람은 감기도 잘 안 걸리고, 심각한 질병에 걸릴 확률도 낮다고 한다. 이 연구팀이 캘리포니아 한 카운티에서 7,000여 명의 생활 스타일과 사회 네트워크 그리고 건강과의 관계를 9년 동안 관찰하였다. 그런데 사회적 관계를 가진 사람이 고립된 사람들 보다 오래 살 확률이 3배 이상이나 된다는 놀라운 결과가 나왔다.

"사람이 곧 재산이다"라는 말이 있다. 지금은 네트워크 시대 모든 것은 모든 것에 연결되어 있는 시대이다. 사회적으로 고립되지 않고 함께 어울려 친교를 나누고 협력하며 삶의 지식과 지혜를 나누어 가져야 한다. 씨앗을 뿌려서 나무를 잘 가꾸는 것처럼 휴먼네트워크를 구축해야 사람들과 함께 더불어 행복하게 잘 살 수가 있다.

불확실성 시대에 사회적 자본, 즉 인맥을 많이 가진 사람은 다른 사람에 비해 성공의 속도가 훨씬 빠르다. 네트워킹은 곧 사회적 자본을 쌓는 기술이다. '난 능력이 있는데 세상은 왜 날 알아주지 않는 거지?'라고 생각한 적이 있다면 당신은 먼저 네트워킹 능력을 길러야 한다.

열심히 일하는 것이 목적이라면 일만 열심히 하면 된다. 그러나 성공하는 것이 목적이라면 일만 열심히 하는 것으로는 부족하다. 성공의 속도를 높이려면 어떤 일에서든 많은 시간을 키맨Key-Man에게 투자해야 한다. 키맨을 어떻게 관리하고 협력하느냐에 따라 성공 속도와 성공의 질이 180도 달라진다. 그러므로 성공 속도를 높여줄 키맨을 찾아 협력하는 관계로 발전하는 기술을 연습해야 한다. 성공하는 사람들 뒤에는 항상 그를 도와주는 키맨들이 있게 마련이다

나에게는 어떤 사람들이 있는가?

성공한 사람들의 공통된 특징은 그들 뒤에는 풍부한 네트워크가 있다. 아는 사람이 많을수록 미래에 성공할 가능성이 높다고 할 수

있다. 아래의 질문을 보고 그에 해당하는 사람의 이름을 떠올려보시라!

1. 인생의 멘토로서 좋은 조언을 해주는 존경하는 인물이 있다.
2. 학교 동창이나 직장 동료 외에 정기적으로 만나는 사람이 있다.
3. 내가 진심으로 잘되기를 바라는 사람이 있다.
4. 말하기 어려운 고민거리를 털어놓고 상담할 수 있는 사람이 있다.
5. 위급한 상황에서 내 가족을 부탁할 수 있는 사람이 있다.
6. 곤란한 일을 당했을 때 달려와서 함께 있어 줄 사람이 있다.
7. 직장을 떠나게 되어 새로운 직업을 찾을 때 도와줄 사람이 있다.
8. 현업무와 관련하여 정보를 줄 수 있는 사람이 외부에 있다.

만약 8개의 질문에 3명 이상 떠오르는 사람이 없다면 당신은 인생을 잘못 살았거나 당신의 네트워크는 형식적인 관계에 불과하다.

사람들은 사람 사이의 일에 대단한 지식이 필요하겠는가라는 생각을 한다. 그래서 컴맹은 부끄러워 하지만 넷맹Net盲, 인맹人盲은 부끄러워하지 않는다. 오래 전 영국에서는 덮개 없는 우유병을 배달하던 시절이 있었다. 박새와 울새에게 덮개 없는 우유는 좋은 먹잇감이 되었고 그 피해를 줄이기 위해 사람들은 우유병에 덮개를 씌워 배달하기 시작했다.

그런데 박새는 전부가 알루미늄 덮개를 뚫는 방법을 터득했다. 그러나 울새는 달랐다. 일부 똑똑한 울새는 뚜껑을 뚫는 데 성공했지만 집단 전체가 학습하는 데는 실패했다. 덮개 뚜껑을 뚫는 방법을 터득한 박새는 덮개를 깨는 방법을 계속 동료 새들에게 전달해주어 누구나 덮개를 깨고 계속 우유를 먹을 수 있었다.

반면 울새는 일부 똑똑한 울새가 뚜껑을 뚫는 데 성공했지만 집단 전체가 학습하는 데는 실패했다. 자기영역을 지키기에만 급급했던 울새는 그러지 못했던 것이다. 특히 수컷 울새는 다른 수컷이 자기 영역으로 들어오는 걸 한 치도 허용하지 않는다. 심지어 서로 적대적인 태도로 의사소통하거나 다른 새들과 교류도 하지 않는다. 사람이 울새처럼 행동하면 외톨이가 될 수밖에 없다. 박새처럼 네트워크를 구축하면서 살아야 인생에서 성공할 수 있다.

세 번의 기회

사람은 평생 세 번의 기회가 온다. 그리고 그 성공은 당신이 아는 사람을 통해 찾아온다.

실력 배양 없이 네트워킹에만 힘을 쏟는 것도 문제지만, 능력은 갖추고 있으면서 네트워킹을 소홀히 하는 것 또한 바람직한 일은 아니다. 스스로의 능력을 키워가는 동시에 상대를 도와서 나를 이롭게

퇴직자들이 울고 있다

하는 것, 그것이 바로 네트워킹의 지혜이며, 상생의 원리이다.

   필자가 강의 중에 교육생들에게 자주 질문하는 것이 있다. "사람은 평생 세 번의 기회가 온다고 하는데, 이 말이 무슨 의미라고 생각하냐"고 질문을 던지면 여러 가지 답이 나온다. 그 중 몇 가지의 대답을 보면 준비된 자가 기회를 잡는다는 답이 가장 많다. 그리고 기회가 왔을 때 그 기회를 잡을 수 있게 평소에 능력계발을 해야 한다. 하늘은 스스로 돕는 자를 돕는다, 운이 있는 사람이 기회를 잡는다. 세 번 중에 한 번은 왔다가 간 것 같다 등 다양한 대답이 나오지만 비슷한 내용들이다. 모두 맞는 말인 것 같기도 하고 아닌 것 같기도 하고 알쏭달쏭하다.
   필자가 생각하는 세 번의 기회라는 의미는 나의 삶을 긍정적으로 바꿔줄 수 있는 세 사람을 만난다는 뜻인 것 같다. 예를 들어서 필자가 강의를 하려면 누군가가 나에게 강의 의뢰를 해야 한다. 다시 말해 강의를 할 수 있는 기회를 주어야만 강의를 할 수 있는 것이다. 강의 일정이 빽빽하게 차려면 많은 곳에서 강의 요청을 해야 한다. 다시 말해서 내가 알고 있는 많은 사람이 나에게 기회를 주는 것이다. 즉 나의 네트워크에서 나에게 기회를 주는 것이다.
   사람이 살면서 세 번의 기회도 잡기 힘들다고 하지만 휴먼네트워크 관리를 잘하면 굉장히 많은 기회를 잡을 수가 있다고 생각한다. "사람이 가장 큰 재산이다." 대인관계에 대한 지혜와 역량은 직장에서는 물론 성공적인 사회생활을 위해서도 반드시 요구되는 능력이고 지혜이다.

특히 퇴직과 은퇴 후의 삶에서 대인관계의 관리, 즉 휴먼네트워크 관리는 성공적인 퇴직, 은퇴 후의 삶을 결정하는 중요한 요소가 된다. 그리고 퇴직이나 은퇴 후는 주변의 인간관계가 대부분 어떤 형태로든 변하기 마련이다. 직장을 퇴사함으로써 직장 동료와의 관계가 다른 형태로 변화되고, 이들과의 관계를 유지하기 위해서는 다른 측면의 향상된 휴먼네트워크 관리 전략이 필요하다. 그리고 퇴직이나 은퇴 후의 삶을 설계하면서 지금까지 만나보지 못했던 다른 유형의 사람들도 만나게 된다. 이들과의 관계 형성과 유지 또한 퇴직이나 은퇴 후 휴먼네트워크 관리의 중요한 이슈가 된다.

네트워킹 전략

인간관계를 유지하고 인맥관리, 휴먼네트워크 관리를 위해서는 대단한 노력이 필요하다. 특히 교류의 폭이 넓은 인간관계를 가진 사람들은 그들을 만나고 먼저 전화하고 안부를 묻는데 많은 시간을 쓴다. 그리고 자신의 노력 중 상당 부분을 관계유지를 위해 투자를 한다. 그런데 누구나 갖고 있는 시간과 노력이라는 자원의 절대량은 한정되어 있다. 각자의 필요에 따라 자신의 네트워크를 만드는 것이다. 이를 개인의 네트워킹 전략이라고 한다.

첫째, 개똥도 약에 쓰려면 없다.

이런 전략을 구사하는 사람들은 모르는 사람이 없을 정도로 폭넓은 인간관계를 갖고 있다. 언제, 누가, 어디서, 어떻게 도움이 될지 모르기 때문에 다양한 사람과 두루두루 폭넓은 인간관계를 맺는다. 그리고 이런 사람들은 대개 처음 만나는 사람과도 쉽게 친해지고 친구관계가 된다.

둘째, 구슬이 서말이어도 꿰어야 보배다.

이런 전략을 구사하는 사람들은 아무리 많은 사람을 알아도 도움이 안 된다면 의미가 없다고 생각하는 사람이다. 이런 사람들은 손에 꼽을 정도로 소수의 절친한 친구만을 사귄다. 자신이 활동하고 있는 집단이나 조직 내의 핵심인물 한두 명과 깊고 강한 관계를 갖고 있다. 그리고 그 외의 다른 사람들과는 잘 교류하려고 하지 않는다.

이러한 전략은 개인의 타고난 특성, 개인마다 맺고 있는 사회적 관계의 특성, 개인의 목표와 동기가 무엇이냐에 따라서 선택을 하게 된다. 그리고 개인은 자신의 목적을 달성하기 위해 한정된 자원과 시간을 사용하여 최선의 네트워크를 만들어야 한다. 직장인은 언젠가는 직장을 퇴직해야 한다. 그러므로 자기의 성격에 의해서 네트워

크 전략을 구사할 것이 아니다. 재취업, 창업 그리고 노년에 외로움
을 극복할 수 있는 적극적인 휴먼네트워크 전략이 필요하다.

퇴직자들이 울고 있다

새로운 네트워크 만들기

진정한 친구는 햇살과 같아서
어둡고 힘든 날에 따뜻함을 가져다 준다.

헬렌 켈러

진정한 친구

K공단에서 근무를 하다가 정년을 한 친구가 있다. 여러 요직을 거쳐 총무팀장으로 근무를 했으니 평생 갑의 갑으로 살았을 것이다. 이해관계가 있는 많은 사람들이 약속을 잡자고 아우성이고, 그 사람들이 일정과 시간을 조율하고 장소를 예약하고 융숭한 대접을 받았을 것이다. 그러다보니 이 친구는 오랜 갑의 갑 생활이 몸에 배서인지 친구들과 어울려도 식사를 하거나 술 한 잔을 해도 계산을 할 줄 몰랐다.

친한 친구가 밥 사라고 핀잔을 주거나 구박을 해도 몸에 밴 습관을 고치기가 쉽지 않았다. 그러다보니 친구들에게 자연스럽게 따돌림을 당하게 되었다. 그런데 몇 달이 지난 후 둘이서 술 한 잔을 하게 되었다. 지난 몇 달 동안 살아온 시간에 대해서 많은 생각을 했다는 것이다. 특히 사람들과의 관계에 대해서 많이 생각을 했다. 현직에 있을 때와 달리 주변에 있는 사람들이 자기를 반기지도 않고 불편해 한다. 외롭고, 쓸쓸하고, 갈 데가 없고, 오라는 데도 없고 하루를 보내는 것이 그렇게 힘든 줄 몰랐다. 그리고 지금은 현직에 있는 사람이 아니라는 것을 뼈저리게 깨닫게 되었다는 것이다.

인생 100세 시대, 과학의 진보가 가져다 준 선물이지만 사람에 따라서는 끔찍한 비극이 될 수 있다. 적당한 경제력과 건강이 받쳐주지 않으면 그 긴 세월이 저주와 고통의 시간이 될지도 모른다. 그러나 돈과 건강을 가졌다고 마냥 행복한 것도 아니다. 서로 아끼고 사랑하는 주위 사람들과 함께하는 인생이 없다면 누구든 고독한 만년을 보낼 각오를 해야 한다.

친구friend

영국 노팅엄대학(1,700명 남녀 대상) 연구 결과에 의하면 마음을 터놓고 이야기할 수 있는 친구 수가 행복도에 비례한다고 한다. 실제 친구가 많을수록 스트레스는 낮고 인생 만족도는 높았다. 친구가 많으면 건강하고 오래 살 수 있다. 믿고 의지할 친구 10명만 있으면 든든한 패를 쥐고 퇴직 후, 은퇴 후의 인생이 행복할 수가 있다.

친구親舊란? 오래도록舊:옛 구 친하게親:친할 친 사귀어 온 사람을 말한다. 친구는 가족과 마찬가지로 기쁨과 슬픔, 어려움을 함께 할 수 있는 소중한 사람이라고 할 수 있다.

영국의 한 신문사에서 영국 끝에서 런던까지 가장 빨리 가는 방법이란 질문을 현상 공모했다. 독자들로부터 비행기, 기차, 도보 등 여러 가지 수단과 방법들이 나왔다. 그런데 의외의 답이 1등으로 뽑혔다. 바로 좋은 친구와 함께 가는 것이었다. 좋은 친구들과 함께라면 아무리 먼 길이라도 재미있게 갈 수 있으니 지루하지 않다는 의미에서 1등이 되었을 것이다.

친구는 영어로 FRIEND이다.

Free자유로울 수 있고, Remember언제나 기억에 남으며, Idea항상 생각할 수 있고, Enjoy같이 있으면 즐거우며, Need필요할 때 옆에 있어 주고, Depend의지할 수 있는 고귀한 존재라는 의미가 담겨 있다.

필자의 선배인 김경찬 씨는 J제지에서 30대에 임원을 하고, K제지에서 전무를 지내시다, S그룹에서 사장까지 지내셨던 사람이다.

인사, 기획, 감사, 홍보를 총괄하시던 중역이었기 때문에 주변에 다양한 인맥을 갖고 계셨다. 성격도 굉장히 낙천적이고 사교적이고 리더십이 넘쳤던 사람이었기 때문에 많은 사람들이 따랐다. 언론계, 정치인, 직장의 동료, 후배, 거래처의 사람들까지 폭넓은 교류를 하셨던 사람이다. 필자도 그 분의 다양한 인맥을 부러워했다. 다른 건 몰라도 인복 하나는 타고났으니 퇴직하더라도 외로울 일도 없고 언제나 현역에 계실 거라고 생각했다.

그런데 선배님이 퇴직을 하시게 되었다. 퇴직 후 몇 달이 지나서 선배님과 저녁을 같이 하게 되었다. 그래서 "요즘도 바쁘게 지내고 계시죠"라고 물어보니 뜻밖의 말씀을 하셨다. 그 많던 인맥이 퇴직과 동시에 하나 둘 연락이 뜸해졌다고 한다. 예전에는 먼저 찾아오고, 먼저 연락하던 사람들이 끈 떨어지기가 무섭게 종적을 감췄다는 것이다.

물론 여전히 연락을 하는 좋은 친구들이 있기는 하다. 그러나 그 많던 사람들이 썰물처럼 사라지니 굉장히 허탈하고 자괴감이 들더라는 것이다. 누구보다 남들에게 베풀려고 노력을 했고, 배려했다고 생각을 했다. 그래서 폭넓은 인맥을 갖게 되었다고 자부심을 갖고 살았다. 그런데 요즘에는 모든 게 허무하고 사람들과의 관계도 부질없다는 생각이 든다고 한다.

사람은 살아가면서 수많은 사람과 관계를 맺게 된다. 동네친구, 학교친구, 직장동료 등의 사람들과 인간관계를 맺고 산다. 그 중에 아주 친하게 지내는 친구들도 있다. 그런데 동네친구는 이사를 가면 좀처럼 만나기가 어려워진다. 중학교, 고등학교, 대학교 친구들도 졸업과 동시에 연락이 뜸해진다. 일 때문에 어울려 지내던 직장동료, 거래처 직원들도 퇴직과 동시에 멀어지게 되고 관계가 단절이 된다.

퇴직과 동시에 관계가 단절되는 것은 인간적으로 친한 관계가 아니었기 때문이다. 서로의 필요에 의해서 만나고 필요에 의한 친분만 맺다 보니 지속적인 관계로 이어지기 어렵다. 특히 일을 통해 만난 사람들은 일의 관계가 끝나게 되면 만나야 할 동기가 사라지게 된다. 이런 인간관계의 속성을 모르고 직장동료나 거래처 직원들이 자신의 주변에 많다고 자랑하다가는 퇴직 후에 큰 상실감을 갖게 된다.

어떤 사람들은 자기의 인맥을 과시하기 위해 사회적으로 성공한 동창들을 아주 친한 친구라고 자랑을 한다. 그런데 막상 그 친구의 도움이 필요해서 부탁을 하면 거절당하게 된다. 그 이유는 동창이지 친구가 아니기 때문이다. 그래서 사람과의 관계가 관리가 필요하게 된다. 아무리 가깝고 오래된 관계라고 해도, 자주 연락하고, 자주 만나지 않으면 지속적인 관계가 이루어지기 어렵다. 지금부터라도 친구의 안부를 살피고 만남을 자주 갖으면서 좋은 관계를 유지하기 위해 시간과 노력을 투자해야 한다.

새로운 친구 사귀기

앞에서 이야기 했던 김경찬 선배는 요즘 젊은 친구들 만나는 재미에 푹 빠졌다. 영어회화를 함께 수강하는 20대의 친구들과 영화도 보고 SNS(카톡, 문자메시지, 메일)도 한다. 그 선배님이 젊은 친구들한테 왕따 당하지 않고 어울릴 수 있는 비결을 이야기했다.

처음에는 어색했지만 자식같이 젊은 친구들한테 꼭 존댓말을 한다는 것이다. 그리고 대화를 독식하지 않고, 세상사는 지혜에 대한 교훈적인 이야기로 감동시키려 하지 않는다. 처음에는 자식 같아서 여러 이야기를 해줬는데 젊은 친구들이 고리타분한 이야기로 생각하고 있다는 것을 알게 되었다. 그래서 가급적 말을 아끼고 가끔 그들이 좋아하는 피자를 사고, 젊음의 매력을 유지하기 위해 잘 씻고, 가능하면 깨끗하고 캐주얼한 옷을 입고 다닌다고 한다.

오랜 세월 사업을 하다 실패하고 방황하던 친구가 새로운 친구를 만나게 되고 그 친구 덕에 재기에 성공한 친구가 있다. 친구는 청계천 공구상가에서 밸브를 수입해서 기업에 납품을 하였다. 오랜 세월 사업을 잘 해 왔는데 우연한 기회에 대기업에 많은 물량을 납품할 수가 있었다. 좋은 기회라고 생각하고 무리하게 납품을 하게 되었다 그런데 납품을 했던 업체의 부도로 인해 상당한 재산상의 손실을 보고 사업을 접게 되었다.

퇴직자들이 울고 있다

친구는 식음을 전폐하고 술과 벗하면서 지내게 되었다. 당연히 건강도 상하게 되어 병원에 입원을 하게 되었다. 가까운 친구들이 십시일반 거둬줘서 병원비를 보태주었다. 그리고 퇴원 후 집에서 요양을 하면서 건강회복에 주력하고 있었다. 그러던 중 우연한 기회에 산악회에 가입을 하게 되어 서울 근교의 산을 주말마다 등산을 하게 되었다. 평일에는 집에서 가까운 북한산을 일주일에 두 번 정도 등산을 했다. 모든 것을 잊고 3년 정도 등산을 하게 되었는데 덕분에 예전보다 더 건강한 몸을 갖게 되었다.

산악회 회원들과 가끔 하산주를 하면서 마음을 달래던 중에 회원 중에 한분의 도움을 받아 불광동에 있는 팜스퀘어에 가구점을 개업하게 되었다. 일반적으로 가구점을 개업하려면 많은 비용이 들 거라고 생각하는데 이 친구는 산악회 회원의 도움을 받아 아주 적은 투자로 가구점을 개업할 수가 있었다. 마침 은평뉴타운이 완공이 되고 많은 사람이 입주를 하면서 적지 않은 돈을 벌 수가 있었다. 지금도 안정적으로 가구점을 경영하고 있다.

김경찬 선배는 퇴직 후의 무력감을 젊은 친구들을 만나게 되면서 삶의 활력을 되찾았다. 그리고 친구가 사업실패를 극복하고 새로운 인생을 개척할 수 있었던 비결은 새로운 친구를 사귐으로 인해서 가능했다고 할 수 있다. 새로운 친구 덕에 멋진 새로운 인생을 살고 있다.

현직에 있을 때처럼 자연스럽게 친구가 생기지는 않겠지만 노력하면 얼마든지 좋은 사람과 친구가 될 수 있다. 필자가 아는 분은 퇴직하기 몇 년 전부터 아파트에서 통장을 하셨다. 그 전에는 아래 위층의 주민들과도 인사를 나눈 적이 없었다고 한다. 그런데 통장을 하니까 같은 아파트에 사는 주민들에게 먼저 인사를 하게 되고 그 덕분에 많은 사람과 알고 지내게 되었다는 것이다.

몇 년 후 퇴직을 했는데 가깝게 지내던 주민들이 아파트 협의회 회장을 하라고 추천을 하더라는 것이다. 의도한 것은 아니었지만 아파트 협의회 회장이 되고 나니까 현직에 있을 때 보다 더 바쁘고 더 많은 사람들과 교류하게 되더라는 것이다. 퇴직 후의 외로움과 쓸쓸함을 뒤로 하고 활기찬 나날을 보내고 있다.

새로운 친구를 사귀는 방법은 다양하다.

첫째, 산악회 등 동호회에 가입을 하라.

특히 산악회에 가입을 하면 적은 경비로 아름다운 산을 등산할 수 있고 건강도 좋아진다. 그리고 다양한 사람들을 만날 수가 있고 더불어서 다양한 삶의 모습을 볼 수 있어서 좋다. 어떤 친구는 산악회에서 만난 사람의 도움을 받고 창업을 했는데 아주 안정적으로 경영을 하고 있다.

둘째, 동네 체육관을 다녀라.

퇴직자들이 울고 있다

동네친구를 많이 사귈 수 있다. 동네 체육관을 다니면 작은 모임이 있게 마련이다. 체육관에서 새로운 친구를 만나고 운동 후의 술 한잔은 삶의 활력소가 된다. 본격적으로 지역에 데뷔를 하는 것이다.

셋째, 지자체에서 운영하는 문화센터에 다녀라.

문화센터 등에 다니면 다양한 취미생활을 배울 수 있다. 컴퓨터도 배우고, 악기도 배우고, 사교춤도 배우고, 바둑도 배우고, 요리도 배울 수가 있다. 특히 나이 들어서 와이프한테 사랑을 받으려면 맛있는 요리를 할 줄 알아야 한다. 이런 활동을 통해 새로운 친구도 사귀고 다양한 정보도 얻을 수 있다.

넷째, 교육을 다녀라.

관심 있는 분야의 교육프로그램에 참여를 하면 다양한 정보를 얻을 수 있다. 또한 다양한 사람들과 교류를 통해 살아있는 정보를 얻을 수 있다. 세상을 살아가는 방법은 너무나 많고 다양하다. 현직에 있을 때는 몰랐던 삶의 지혜의 체득을 통해 새로운 인생을 개척할 수도 있다.

지금 어울리는 친구 그리고 새롭게 친구를 사귀려면 그 친구가 어떤 친구인지를 볼 줄 아는 세심한 안목, 즉 눈이 있어야 한다. 목에 칼이 들어와도 우정이 변치 않을 친구가 있고, 아무 조건 없이 진심으로 대할 수 있는 친구가 있고, 큰일을 상의할 수 있는 친구가 있고, 술친구 하기에 좋은 친구가 있고, 그저 웃고 즐기자고 만나는 친구가 있다.

친구는 꽃과 같은 친구(자기 좋을 때만 찾아오는 친구), 저울과 같은 친구(이익을 따져 이익이 되는 쪽으로 움직이는 친구), 산과 같은 친구(편안하고 마음 든든한 친구), 땅과 같은 친구(한결같은 마음으로 지지해 주는 친구)가 있다.

가장 잘못된 만남은 생선과 같은 만남이다. 만날수록 비린내가 묻어오니까, 가장 아름다운 만남은 '손수건'과 같은 만남이다. 힘이 들 때는 땀을 닦아주고, 슬플 때는 눈물을 닦아주니까!

_ 정채봉 시인의 《처음의 마음으로 돌아가라》 중에서

나는 어떤 만남을 주로 했는가, 스스로 자문해보라! 아마 생선과 같은 만남을 유지했는지 모를 일이다. 지금부터라도 손수건 같은 만남을 만들기 위한 노력과 투자를 해야 한다. 친구가 많음이 중요한 게 아니라 깊이가 중요하다. 산과 같은, 땅과 같은 친구가 진정한 친구라고 할 수 있다.

퇴직자들이 울고 있다

남이 써주는 이력서

평판이란 남이 아는 당신의 모습이고
명예란 당신 자신이 아는 자기 모습이다.

로이스 맥마스터 부졸드

평판 관리

평판이 좋은 사람이 성공하면 사람들은 내 그럴 줄 알았다고 한
다. 그 사람이 실패하면 왜 그랬을까? 곧 좋아질 거야라고 이야기 한
다. 평판이 나쁜 사람이 성공하면 웬일이야, 오래 가기 힘들 거야라
고 이야기 한다. 실패하면 내 그럴 줄 알았다고 이야기 한다. 좋은
평판은 올바른 성품, 그리고 늘 먼저 주는 행위가 쌓여 만들어진다.

국민 MC라 불리는 유재석이 큰 인기를 얻고 있는 이유는 방송
진행을 잘 해서이기도 하지만 TV에서 보여지는 모범적 이미지가 일

상생활에서도 그대로 나타나기 때문이라고 할 수 있다. 다시 말해 자기관리 및 평판 관리를 잘했기에 오랜 시간 인기를 유지하고 있는 것이다.

그런가 하면 TV에서는 한없이 착하고 성격 좋은 사람으로 보이는 사람이 있다. 그런데 사람들 사이에서 들리는 소문에는 자신의 인기를 너무 믿고 건방지게 행동한다. 보기와 다르게 말투도 예의가 없고 어른을 공경할 줄 모른다 등의 좋지 않은 평판을 얻은 연예인들도 찾아볼 수 있다. 그런 연예인은 공들여 만들어 놓은 인기를 하루아침에 잃게 되고 깊은 나락으로 떨어지게 된다.

평판 관리는 연예인들에게만 필요한 것은 절대 아니다. 사회생활을 하는 사람이라면 누구나 평판을 관리해야 한다. 일하기도 바쁜데 평판까지 어떻게 관리를 하냐고 볼멘소리를 하는 사람도 있을 수 있다. 하지만 평판은 내가 사회생활을 그만둘 때까지 계속 나를 따라다니며 영향을 준다.

예전에는 업무성과만 좋으면 스카우트 제의를 받고, 이직도 수월하게 할 수 있었지만 지금은 다르다. 꼭 인사팀에 있지 않더라도 지인을 통해 "홍길동 씨와 일해 본 적 있지요? 그 사람 일하는 스타일이나 성격이 어때요?" 하는 질문을 받아 본 적이 있을 것이다. 업무성과가 좋다고 해도 인성이 좋지 않으면 경쟁력 있는 인재로서 오랫동안 근무하기가 어렵다. 그렇기 때문에 회사 입장에서는 채용하기 전에 평판조회를 통해 그 사람의 인성을 평가하려 하는 것이다.

퇴직자들이 울고 있다

시장에서 평가받는 이력서는 자신이 기술한 이력서가 아니다. 남이 써준 이력서가 평가를 받는 것이다. 내가 보지 못하는 나의 그림자가 평가를 받는 것이다. 내가 보지 못하는 나의 그림자가 평판인 것이다. 좋은 평판은 억지로 만들려고 해서 얻을 수 있는 것이 아니다. 자연스럽게 형성되는 것이다. 그러므로 업무성과뿐만 아니라 여러 사람과 원만한 관계를 만들어 나가기 위해 노력해야 한다.

> 돈은 잃어도 좋지만 평판을 잃을 수는 없다. 우리가 돈을 잃을 수는 있다. 심지어 많은 돈을 잃어도 된다. 그러나 평판을 잃을 수는 없다. 단 한치도 잃어서도 안 된다. 똑똑하지만 비우호적인 기자가 쓴 기사가 중앙 일간지의 1면에 실려도 당당할 정도가 되어야 한다. 설사 합법적이더라도 역겨운 행위라면 절대 하지 않을 것이다.
>
> _ 워렌 버핏

현대사회의 평가 기준은 평판이다. 평판으로 날아오르는 사람, 평판으로 추락하는 사람, 평판으로 성공하는 기업, 평판으로 패망하는 기업이 있다. 커리어 관리의 첫걸음이자 나의 경력에 날개를 달아 주는 것이 평판이다. 기업의 성공 신화를 만드는 최고의 매니지먼트가 평판 관리다. 최고의 평판 관리 전략은 자신의 현재 가치를 고객에게 더 많이 알리고 새로운 가치를 부여하는 것이며, 자신의 독특한 재능과 기술, 능력을 알리며 자신의 평판을 긍정적으로 다듬고 구축하는 과정이다.

평판 관리는 다른 사람들을 정당하고 공정하게 대우하며, 사회적으로나 환경적으로 책임을 질 줄 아는 것이다. 그리고 이해관계자들로부터 존경과 믿음, 신뢰를 받고 높은 평판 점수를 얻는 것이다. 그리고 개인의 평판 관리는 자신의 이력서와 프로필에 어떤 핵심어가 들어갈지 결정하는 것과 같다.

현명한 직테크

평생직장이 깨진 시대, 경기 침체나 경영 환경이 악화되면 제일 먼저 감원 열풍이 분다. 이런 시대에 감원을 피할 수 있는 가장 중요한 변수는 무엇일까? 한 설문조사에 의하면, 조사에 응답한 직장인들은 감원을 피할 수 있는 가장 중요한 변수로 전체의 37.2%가 평판을 꼽았다. 이에 반해 개인의 능력은 29.8%를 차지해 평판보다 낮게 나타났다. 그 밖의 주요변수로는 성실성(16.1%), 인맥(13.0%), 인간성(5.5%), 헌신(1.9%), 충성심(0.7%) 등의 순서로 나타났다.

평판조회Referrence Check는 입사지원자의 학력, 경력, 자격 등의 기본 사항부터 시작해 역량과 과거에 어떤 업무성과를 이루어 냈는지, 인성, 기타 조직생활에서의 문제점 여부 등을 전직장의 상사, 동료,

인사부서, 또는 주변 인물들로부터 확인하는 채용 절차상의 한 방법이다.

실제로 다수의 대기업들이 개인의 업무 능력 뿐 아니라 상사나 동료 직원, 부하 직원의 평판을 인사고과 평가에 객관적인 평가 기준의 하나로 활용하고 있다. 그리고 기업의 절반 이상이 평판조회를 외부 경력사원 채용 과정에 반영하고 있다.

채용 과정에서의 평판조회는 최종합격 여부에 앞서 채용 후보자의 이력이나 성품 등에 대해 해당 후보자의 주변인을 통해 사실을 확인하는 과정을 뜻한다. 이는 이력서 상의 내용만 믿고 사람을 채용했다가 실제 능력과 달라 낭패를 보는 경우가 늘고 있기 때문이다. 그래서 평판조회는 점점 더 중요해지고 일반화 되고 있다.

이를테면, 채용 확정 전에 과거 직장에서의 성과와 능력이 이력서에 기재한 내용과 일치하는가에 대한 검증이다. 그리고 새로운 조직에서 새 조직원들과 원만한 인간관계의 형성과 리더십을 발휘할 수 있을 만한 사람인지를 사전에 철저하게 점검을 해보겠다는 취지다.

그렇다면 긍정적인 평판을 관리하고 유지할 수 있는 비결은 무엇일까? 가장 먼저 자기 이해가 충분해야 할 것이다. 어떤 점이 다른 사람으로부터 호감을 사거나 좋은 평가를 받는 강점인지 파악해야 한다. 그리고 어떤 점이 약점이자 다른 사람을 불쾌하게 하거나 원성을 살 수 있는 점인지 반드시 파악해 보아야 한다.

지금까지 너무 익숙했기에 생각 없이 했던 사소한 행동부터 무엇이든 부정적인 이미지를 줄 수 있는 나의 약점을 찾고 개선해야만 한다. 경우에 따라 자신의 능력으로 조직에 크게 기여하는 성과를 쌓았다 해도, 그 과정에서 함께 일한 사람들이 자신에 대해 부정적인 인상만 갖게 된다면 모든 것이 허사가 될 수 있다. 결과적으로 큰 성과를 낸 사람이 아니라 독선적이고, 자기 성과만 챙기고, 같이 일하기 어려운 사람이라는 낙인이 찍히게 된다.

낙인이 찍히는 순간부터 아무리 큰 성과라 하더라도 무용지물이 된다는 점을 명심해야 한다.

이처럼 철저한 자기 분석과 함께 괜찮은 사람, 함께 일할 만한 사람으로 인정받는 가장 일반적인 방법으로는 말조심이 있다. 결국 같은 상황, 같은 일에 대해서도 어떻게 표현하느냐를 잘 결정하는 것이 핵심인 셈이다. 능력이 뛰어남에도 평판이 나쁜 사람의 대표적인 케이스는 남들도 다 자신과 생각이나 느낌이 같다거나 같아야 한다는 비합리적 신념을 갖고 있는 사람이다. 내가 이렇게 말해도 내 마음을 알아주겠지? 원래 내가 말투는 이렇지만 속은 안 그렇다는 걸 다 알겠지라는 생각 자체가 착각인 경우가 훨씬 더 많기 때문이다.

많은 사람들에게 호감을 주고 좋은 이미지를 주기 위해서는 나와 남이 다를 수 있다는 점을 먼저 인정해야 한다. 그리고 평범하거나 사소한 부분에서부터 누구에게나 호감을 줄 수 있는 긍정적인 표현과 태도를 갖추는 것이 핵심이다. 주어진 일, 상황에 대해 보다 긍정적인 자세와 태도로 임하는 사람은 누구에게나 호감을 준다. 어차피 할 일, 해줄 일이라면 토를 달거나 질질 끌지 말고 기분 좋게 예스라고 답해줄 수 있어야 한다.

이처럼 자신에 대한 평판을 지속적으로 관리하고 긍정적인 이미지를 만들어나가기 위해서는 스스로에 대한 꾸준한 모니터링이 필요하다. 특히 직장인이라면 개인적인 능력 이외에도 조직 내에서 다양한 평가기준에 부합하는지, 기회가 생길 때마다 상사나 동료직원, 부하직원 등 여러 사람들에게 솔직한 의견을 경청해야 한다. 그리고 좋지 않은 평판은 보완을 하기 위한 노력을 지속적으로 해야 한다. 그것이 평판 관리의 핵심임을 명심해야 한다.

좋은 평판 만들기

평판은 결코 겉포장이 아니다. 가장 강력한 이력서인 동시에 자신에게 붙여진 보이지 않는 그림자이고 꼬리표이다. 주위의 한마디가 취직 당락이나 승진 여부를 결정짓기도 한다.

버진그룹의 리처드 브랜슨은 성공의 첫 번째 요소로 평판을 꼽았다. 성공엔 수많은 요소가 있지만, 다른 무엇보다 평판을 최고로 강조했다. 그만큼 평판은 소중하다. 평판은 스펙으로 수치화할 수 없다. 그 어떤 스펙보다 인생의 중요한 부분이다.

첫째, 절대 갑질하면 안 된다.

누구나 돈 쓸 땐 갑일 수 있지만 돈 벌 땐 을이 되어야 한다. 영원한 갑도 을도 없다. 절대 갑질하면 안 된다. 가지고 있는 힘이 강할수록 약한 사람을 배려해야 한다. 상투적인 말이 아닌, 진심으로 나약한 이들에게 더 배려해야 한다. 가장 낮은 곳에서 시작하는 소문이 가장 높이 올라가게 된다.

둘째, 좋은 게 좋은 것이다.

너그러운 마음을 가져야 한다. 세상만사 불편한 프로불편러나 조직 내에서 가장 날카로운 비판자의 평판이 어떠한지 살펴볼 필요가 있다. 프로불편러는 아무리 똑똑하고 잘나도 좋은 소리 듣기 어렵다. 리더로 성장할 수 없는 타입이다. 능구렁이 같은 융통성을 보이는 사람은 평판이 나쁠 수가 없다.

셋째, 생각하고 행동하라.

입과 행동이 무거워야 장기적으로 평판이 좋다. 유난스러운 사람은 캐릭터 자체의 매력이 있을 순 있어도 언젠가 실수하게 되어 있다. 그 실수 한 번에 평판이 무너지고 만다. 타고난 성향이 활발하더라도 말과 행동은 항상 조심하는 습관을 가져야 한다. 그리고 본능적인 부분을 통제하는 훈련이 무엇보다 중요하다.

퇴직자들이 울고 있다

넷째, 절대 속이지 마라.

평판은 평생 간다. 보이는 면을 잠깐 연기할 순 있어도 본성까지 평생 연기할 수는 없다. 진실한 마음으로 생각하고 행동해야 한다. 남을 속일 생각은 애초에 절대 하면 안 된다. 일부는 속일 수 있겠지만 자기 자신을 속일 수는 없다. 가식의 연기를 하지 말고 진실한 마음으로 신뢰를 쌓아야 한다.

사회생활을 하다 보면 평판의 소중함을 절실히 느끼게 된다. 중요한 계약을 할 때 상대의 평판을 꼼꼼히 따질 수밖에 없다. 이직이나 재취업 시장에서 레퍼런스 체크는 기본 중의 기본이다. 사회생활 시작하는 순간부터 죽을 때까지 따라붙는 사회적 평가를 잘 관리해야 한다. 비지니스에서는 내가 쓴 이력서가 유통되는 것이 아니다. 남이 써주는 나의 이력서, 내가 보지 못하는 나의 그림자가 유통된다는 것을 알아야 한다.

카사노바와 귀명창

좋은 일, 좋은 사람, 좋은 삶을 만나려면
간단한 준비물이 있다. 그것은 좋은 나!

최대호의 〈준비물〉 중에서

성공과 리액션

리액션Reaction은 상대방의 말이나 행동에 대해 반사적 작용으로 나오는 행동이나 말반응을 말한다. 영어의 책임responsibility은 반응response하는 능력ability이다. 살아있는 자는 반응하지만, 죽은 자는 반응할 수 없다. 리액션 즉 반응이 없는 사람과 대화를 하는 것은 마치 죽은 사람과 대화를 나누는 것과 같다.

대화를 하면서 표정이 밝으면서 살아있고 맞장구도 잘 쳐주고 피드백을 바로 보내주는 사람이 매력이 있고 대화도 즐겁다. 대화는

탁구 치는 것처럼 주고받아야 맛이 난다. 상대는 신이 나서 이야기하고 있는데 상대방이 차분하게 듣고 있기만 한다면 어느 순간 뻘쭘해질 것이다. 반대로 듣는 사람이 공감하고, 얼쑤, 좋다, 지화자 등 맞장구를 쳐준다면 즐거운 대화가 될 것이다.

어디에서나 반응을 잘하는 사람이 환영받게 마련이다. 필자는 리액션이 인간관계를 좋게 하는 최고의 기술이라고 생각한다. 강사가 강의를 할 때 교육생과 호흡을 같이 하기 위해서는 시선처리가 중요하다. 필자도 강의할 때 교육생들이 강의에 집중하게 하기 위해서서 시선처리를 하는데 굉장히 신경을 쓴다. 그런데 필자도 사람이다 보니 자주 눈을 마주치는 사람이 있게 마련이다. 무표정, 무관심, 비우호적인 눈빛을 보내는 교육생과는 가급적 시선을 피하게 된다. 왜냐하면 시선이 마주치면 왠지 겸연쩍고, 불쾌하기 때문이다. 그러면 강의하는 내용이 혼선이 올 수도 있다.

반면에 부드러운 미소를 던지면서 메모를 열심히 하는 교육생도 있다. 이런 교육생은 필자와 눈이 마주치면 고개를 끄떡여준다거나 맞장구를 쳐주면서 판소리에서 관객이 추임새를 넣어주듯이 교육분위기를 북돋아 준다. 당연히 그런 교육생과 가벼운 질문과 교육생의 맞장구로 교육생에게 교육동기부여를 제공한다. 그렇게 되면 필자도 신바람이 나서 주변지식과 사례가 봇물 터지듯이 신바람 나는 강의가 된다.

반응을 잘하는 사람이 성공을 하는 것이다. 사람을 만나도 인사 하나 제대로 반갑게 건넬 줄 모르는 사람이 있다. 대화에서 무반응 이나 표정이 없는 사람들을 보면 저 사람은 도대체 무슨 생각으로 사나 하는 생각이 든다. 그리고 사람이 왜 저리 멋이 없을까 하는 생 각이 절로 든다. 같은 공간에서 사람이 드나들면서 인사 하나 제대 로 못하고 무심한 얼굴과 표정이 없는 사람은 비즈니스에서 성공하 기가 쉽지가 않을 것이다.

이런 사람은 자신의 실력이나 경력을 쌓고 관리하기가 쉽지가 않 을 것이다. 인간미도 없고 인사조차 제대로 못하는 사람과 일하고 싶은 사람은 아마 없을 것이다. 약간 실력이 모자라도 방긋방긋 웃 고 상냥한 사람과 친구가 되는 편이 낫다. 학벌이나 실력이 매력이 될 수는 없다. 이런 사람들은 자기 할 일만 잘하면 되는데 뒤에서 다 른 사람들 이야기와 험담하는데 관심이 많다. 그리고 그런 사람들 은 두 얼굴을 보여주기도 한다. 즉 자신에게 필요한 사람에겐 극히 상냥하고, 필요하지 않은 사람에겐 반대의 행동을 보이는 특징을 갖 고 있다.

자식을 키워내면서 아들보다는 딸이 더 예쁜 이유는 아무래도 딸 들의 리액션이 아빠를 즐겁게 해주기 때문일 것이다. 필자는 집안의 장자이기에 대소사를 치른다. 특히 기제사와 차례를 많이 지내기 때 문에 형제들이 자주 모이게 된다. 그 중 조카딸을 보는 재미가 즐겁 다.

퇴직자들이 울고 있다

조카딸은 유독 리액션이 크다. 집안에 들어서면서부터 큰아빠하면서 큰소리로 인사를 한다. 필자가 조카딸에게 한마디 던지면 "네, 그래요, 그렇군요." 등등의 말을 섞어가면서 맞장구도 쳐주고 다양한 제스처를 구사하면서 호응을 해준다. 그러면 다른 식구들이 이구동성으로 "어휴 저 여우, 저 오바, 못말려." 하고 빈정된다. 그래도 필자는 그런 조카가 당연히 예쁠 수밖에 없다. 그리고 당연히 지갑이 열릴 수밖에 없다.

> 좋은 일, 좋은 사람, 좋은 삶을 만나려면 간단한 준비물이 있다.
> 그것은 좋은 나!
>
> _최대호의 〈준비물〉 중에서

카사노바의 비결

리액션Reaction을 잘하는 사람은 어디에서나 환영받고 사랑받기 마련이다. 필자가 강의를 하기 위해 강의장에 들어서면서 습관적으로 교육생들의 모습을 본다. 어떤 강의장에 들어서면 교육생들의 표정도 밝고 필자를 보는 모습이 우호적인 눈빛을 보낸다. 그리고 인사를 하거나 박수를 쳐주는 경우도 있다. 이런 모습을 보면 필자도 신명나게 된다.

당연히 강의가 물 흐르듯이 매끄럽게 전개가 된다. 교육생들이 메모를 하거나 필자와 눈이라도 마주치면 끄덕거려준다거나 맞장구를 치면서 "우와, 정말이에요, 그렇군요." 등의 과하다 싶을 정도로 리액션을 해준다.

이런 강의는 실패할 수가 없다. 왜냐하면 교육생의 훌륭한 리액션이 필자를 신명나게, 흥나게 설레게 해주기 때문에 엔돌핀이 돌게 된다. 엔돌핀이 돌면 강사의 두뇌는 회전이 잘 돌아가게 되어 있다. 다양한 주변 지식과 사례가 쏟아지게 마련이다. 당연히 멋진 강의가 될 수밖에 없다.

반면에 어떤 강의장은 무거운 분위기, 무관심, 무표정이 압도하는 교육장도 있다. 이것만큼 재미없고 맥 빠지는 일도 없다. 강사는 신명나게 강의하고 있는데 차분하게 듣고 있기만 한다면 그것만큼 맥 빠지고 뻘쭘한 일도 없을 것이다.

강사들에게 3가지 무덤이 있다는 농담이 있다. 기업의 CEO, 고위관료, 대학교수들이 강사의 무덤이라고 한다. 호응, 반응은 차치하고 강사가 어떤 유머를 던져도 웃지 않는다. 어떤 이야기를 해도 미동도 없고 표정도 없다. 어떤 경우에는 비웃는 듯한 표정도 있다. 이런 교육생들을 만나면 강사의 엔돌핀은 사라진다. 머리가 아프고, 아득해지면서 두뇌회전이 삐걱거리게 된다. 당연히 좋은 강의가 될 수 없다.

개그맨이 유머를 던졌는데 객석에서 반응이 없으면 굉장히 어색

퇴직자들이 울고 있다

하고 난감할 것이다. 그리고 그 순간 개그맨은 머리가 아득하고 눈앞이 깜깜해질 것이다. 그리고 개그맨은 자기의 대사를 잊고 우왕좌왕하게 될 것이다. 많은 관중 앞에 서게 되면 긴장되고 열심히 외웠던 우스갯소리도 잊게 되어 있는데 이런 경우는 최악이 될 수밖에 없다. 개그맨의 이야기가 조금은 재미없어도 객석에서 적극적으로 호응해주거나 리액션을 해주면 자신감도 생기고 애드립도 살아날 수 있어서 분위기가 좋아질 수 있다.

바람둥이의 대명사이자 난봉꾼의 대명사하면 카사노바를 일컫게 된다. 카사노바는 법학박사이면서 비밀 외교관, 종교 철학자, 바이올리니스트이기도 했으며, 프리메이슨 비밀결사 단원, 사기꾼, 도박가, 호색가 등 다양한 이력으로 잘 알려져 있는 인물이다. 유럽 전역을 끊임없이 여행하고 도주와 망명을 일삼으며 18세기 유럽 사회의 정치, 문화를 체험한 사람이다.

그는 1798년 보헤미아의 둑스 섬에서 눈을 감을 때까지 40여 편의 작품을 남기기도 했다. 그 중 자서전 내 인생 이야기는 수많은 여인들과의 매혹적인 연애담을 담고 있다. 뿐만 아니라 18세기의 유럽 문화를 생생하게 재현하고 있는 귀중한 사료로도 평가 받고 있다. 1734년 9살의 나이로 파두아의 고지 박사 밑에서 공부를 할 때 베티나라는 여성과 첫사랑을 한 이래 수녀, 귀족부인, 하녀에 이르기까지 그의 여성편력은 다양했다.

카사노바는 지독히도 못생겼다. 그런 카사노바가 많은 여성들한테 사랑을 받을 수 있었던 비결은 머리가 비상해서 여성의 심리를 잘 파악했다. 그리고 여자가 원하는 것이 무엇이고 여자가 바라는 바를 알아서 행동하고, 뒤로 돌아설 때는 여지를 남기지 않는 것이었다. 바로 이것이 카사노바가 많은 여성편력을 지닐 수 있었던 가장 큰 이유이다.

카사노바의 엽색행각이 사회문제화 되자 국왕은 카사노바를 사회로부터 영구 격리시키고자 했다. 그래서 한번 건너가면 다시는 되돌아올 수 없다는 한숨의 다리, 통곡의 다리를 건너 투옥을 시켰다. 그러나 카사노바는 근무여성을 유혹해 탈옥에 성공한다. 그리고 이 감옥에서 탈옥한 최초의 인물로 기록되었다. 세기의 바람둥이답게 그는 자신을 사모했던 여인의 도움으로 이 철통같은 감옥에서 탈출하는 데 성공했다. 그리고 이 생생한 모험을 책으로 출판하기까지 했다.

이후에 카사노바는 72세에 타계하기까지 유럽 전역을 여행하며 특유의 여성편력을 남기게 된다. 지독히도 못생긴 카사노바가 무수히 많은 여성들에게 사랑을 받을 수 있었던 비결은 오직 하나 리액션을 잘했기 때문이다. 여성들의 행동과 말에 긍정적인 언어와 제스처로 반응을 했기 때문이다. 여성들이 원하는 것을 재빨리 알아채고 호응해주고 행동을 했기 때문에 엽기적인 카사노바가 될 수 있었다.

명창과 귀명창

판소리의 소리판, 무대는 청중이 있어야 한다. 판소리는 광대(공연자)와 청중 사이에 적극적인 상호작용이 좋은 판소리를 만든다. 판소리에서 청중들은 자신의 존재가치를 추임새를 통해서 표출한다. 추임새는 소리꾼에게 활력을 불어 넣어주고 더 좋은 소리를 내게 하는 촉매제가 되어준다. 추임새는 상호간 소통의 표시이자 에너지의 교환인 셈이다.

청중들이 추임새를 제대로 하기 위해서는 판소리를 잘 알고 판소리로부터 진정한 감동을 이끌어낼 수 있는 능력을 갖추어야 한다. 이런 훌륭한 청중을 귀명창이라고 한다. 귀명창이란 판소리에 대한 정확한 이해와 지식을 바탕으로 소리를 제대로 감상할 줄 아는 능력을 가진 사람을 말한다. 명창에 버금간다 해서 귀명창이라 하는데 귀명창이 좋은 소리꾼을 낳는다는 말이 있을 정도로 판소리에서 없어서는 안 될 중요한 동반자이다.

득음得音이 소리꾼의 몫이라면 지음知音은 귀명창의 몫인 셈이다. 귀명창이 많은 소리판에서는 소리꾼이 소리를 허투루 하지 못한다. 당연히 귀명창이 많아야 소리의 질이 좋아지는 것은 당연하다.

귀명창이 되려면 명창이 되는 것처럼 특별한 훈련과정을 거쳐야 한다. 무작정 판소리를 즐기고 많이 듣는 것만으로는 귀명창이 되기 어렵다. 흔히 판소리를 들을 때 골계적 요소만 좋아할 수도 있고 장단 정도와 성음만을 구별해서 들을 수도 있다. 그러나 귀명창은 판소리의 여러 요소가 이면에 맞고 안 맞고까지 지적해 줄 수 있는 경지를 가리킨다.

판소리에서 귀명창이 되기 위해서는 특별한 훈련을 거쳐야 한다. 마찬가지로 좋은 인간관계를 맺고 주변 사람들에게 환영받는 사람이 되려면 리액션에 대한 연습을 꾸준히 해야 한다. 리액션 즉 맞장구치는 스킬은 평소에 관심을 갖고 꾸준한 연습이 필요하다. "그래요!", "우와! 정말이예요!", "그렇구나! 역시! 대단해!" 등의 맞장구를 과하다 싶을 정도로 치는 연습을 열심히 해야 한다.

상대를 존중하고 이야기에 귀 기울이며 때 맞추어 추임새를 넣는 일, 상대의 말을 경청하고 공감해주는 리액션은 좋은 인간관계를 만들고 유지하는데 최고의 스킬이라고 할 수 있다.

퇴직자들이 울고 있다

· 《퇴직과 은퇴 사이》, 이기훈 지음, 2022, 한국경제신문

· 《행복한 은퇴를 위한 생애설계》, 이기훈 KSA 지음, 2017, 박문각

· 《직장인을 위한 변명》, 권영설 지음, 2003, 거름

· 《익숙한 것과의 결별》, 구본형 지음, 1998, 생각의 나무

· 《낯선 곳에서의 아침》, 구본형 지음, 2007, 을유문화사

· 《변신》, 프란츠 카프카 지음, 이재황 옮김, 2011, 문학동네

· 《대추 한알》, 장석주 지음, 유리 그림, 2015, 이야기 꽃

· 《나의 문화 유산답사기》, 유홍준 지음, 2011, 창비

· 《프레임》, 최인철 지음, 2007, 21세기북스

· 《김종삼 전집》, 권명옥 엮음, 2005, 나남

· 《My friend, Creativity!》, 여훈 지음, 2013, 스마트비지니스

· 《은퇴 후 30년을 준비하라》, 오종남 지음, 2009, 삼성경제연구소

· 《오늘은 내 인생의 가장 젊은 날》, 이근후 지음, 2014, 샘터사

· 《변신》, 프란츠 카프카 지음, 이재황 옮김, 2011, 문학동네

· 《강의》, 신영복 지음, 2006, 돌배개

《봉급쟁이》, 권용철 지음, 2006, 랜덤하우스 중앙

《퇴사학교》, 장수한 외 지음, 2017, RHK

《은퇴 후 40년 어떻게 살 것인가》, 전기보 지음, 2013, 미래지식

《직장인 나이들며 후회하는 9가지》, KDB증권, 2019, KDB증권

《은퇴의 정석》, 문진수 지음, 2024, ㈜한겨레엔

《100세 인생》, 린다 그래튼 외 지음, 안세민 옮김, 2017, ㈜출판사 클

《살아가는 기쁨》, 박찬선 지음, 2016, 행복에너지

《비스듬히》, 정현종 지음, 2020, 문학판

《사람만이 희망이다》, 박노해 지음, 2018, 느린걸음

《지금 여기가 맨 앞》, 이문재 지음, 2014, 문학동네

《지금 마흔이라면 군주론》, 김경준 지음, 2012, 위즈덤하우스

《인맥관리의 기술》, 김기남 지음, 2008, 선돌

《인간관계의 맥을 짚어라》, 양광모 지음, 2007, 청년정신

《한비자의 관계술》, 김원중 지음, 2012, 위즈덤하우스

《처음의 미음으로 돌아가라》, 정채봉 지음, 2008, 샘터

《평판의 힘》, 주희진 지음, 2009, 위즈덤하우스

《평생 갈 내 사람을 남겨라》, 이주형 지음, 2011, 비즈니스북스

《휴먼네트워크와 기업경영》, 정명호·오홍석 지음, 2010, 삼성경제연구소

《이 시 봐라》, 최대호 지음, 2015, 넥서스Books

퇴직자들이 울고 있다

퇴직자들이 울고 있다

초판 1쇄 인쇄 _ 2025년 6월 15일
초판 1쇄 발행 _ 2025년 6월 25일

지은이 _ 이기훈 · 김영복

펴낸곳 _ 바이북스
펴낸이 _ 윤옥초
책임 편집 _ 김태윤
책임 디자인 _ 이민영

ISBN _ 979-11-5877-393-9 03190

등록 _ 2005. 7. 12 | 제 313-2005-000148호

서울시 영등포구 선유로49길 23 아이에스비즈타워2차 1005호
편집 02)333-0812 | **마케팅** 02)333-9918 | **팩스** 02)333-9960
이메일 bybooks85@gmail.com
블로그 https://blog.naver.com/bybooks85

책값은 뒤표지에 있습니다.

책으로 아름다운 세상을 만듭니다. ― 바이북스

미래를 함께 꿈꿀 작가님의 참신한 아이디어나 원고를 기다립니다.
이메일로 접수한 원고는 검토 후 연락드리겠습니다.